Die NS-Ordensburg Vogelsang

BEGLEITHEFT

ZU GELÄNDE UND AUSSTELLUNG

NS-DOKUMENTATION
VOGELSANG

Mit Textbeiträgen von
Frank Engehausen (»Die Geschichte«),
Klaus Ring und Stefan Wunsch

SANDSTEIN VERLAG

Schriftenreihe
der Akademie Vogelsang IP
zur NS-Dokumentation

Herausgegeben im Auftrag der
Vogelsang IP gemeinnützige GmbH
von Stefan Wunsch

INHALT

Der NS-Ort

ZWISCHEN ERINNERUNG UND ZUKUNFTSGESTALTUNG

VON DER NS-ORDENSBURG ZUM INTERNATIONALEN PLATZ

Vogelsang hat eine, gemessen an der Besiedlungsdauer seiner näheren Umgebung, recht kurze Geschichte. Dennoch hat diese nicht nur in der Region, sondern auch in europäischer Dimension dauerhafte Spuren hinterlassen – während der NS-Zeit und danach als Teil der globalen Ereignisse vor allem in den Jahrzehnten nach der Mitte des 20. Jahrhunderts.

Geplant war der Ort als Schulungsanlage für zukünftige Parteiführer der NSDAP sowie als repräsentative Selbstinszenierung der nationalsozialistischen Machthaber. Hier wurden die ideologischen Überzeugungen gefestigt, die Teilnehmer von Lehrgängen und Tagungen später auch zu Tätern werden ließen, vor allem in den besetzten Gebieten der Sowjetunion während des Zweiten Weltkriegs.

Die heutige Dauerausstellung »Bestimmung: Herrenmensch. NS-Ordensburgen zwischen Faszination und Verbrechen« beschäftigt sich im Kern mit den Jahren 1933 bis 1945. Sie spürt der Frage nach, welche Angebote und Versprechen junge Männer in die Ordensburgschulung zogen und wie die rassistische Ideologie und die Überzeugung vom angeblichen Recht des Stärkeren ihr Leben prägte. Die Ausstellung blickt dabei auf die durch Formierung bestimmte Gemeinschaft der Ordensburgmänner, stellt aber immer wieder die Verhaltensmöglichkeiten des Einzelnen in den Fokus. Sie ermöglicht es so, auch Fragen aus heutiger Perspektive und mit Bezug zum Betrachtenden selbst zu entwickeln.

Mit der Einnahme Vogelsangs 1945 durch die US-Army und die Übergabe an die britische Besatzungsverwaltung begann eine neue Phase des Ortes, die zunächst über 60 Jahre lang von militärischer Nutzung geprägt war. 1946 richtete die britische Armee rund um den Ort einen Truppenübungsplatz ein, der ab 1950 durch die belgische Armee als »Camp Vogelsang« geführt wurde, später auch für Truppen der NATO.

In Vogelsang spiegelt sich so auch die Geschichte des »Kalten Krieges« zwischen Ost und West in der zweiten Hälfte des 20. Jahrhunderts wider. Nicht nur die aus der belgischen Zeit stammenden Unterkunfts- und Funktionsgebäude auf dem Gelände sind Zeugnisse der militärischen Nachnutzung, sondern vor allem die Reste des nahe gelegenen ehemaligen Eifeldorfs Wollseifen, das im Rahmen militärischer Übungen zerstört wurde, nachdem es von den Bewohnern 1946 geräumt werden musste.

◄ Verpflichtung der Lehrgangsteilnehmer auf dem Appellplatz, 1938

Mit der Rückgabe des Truppenübungsplatzes an die Bundesrepublik Ende 2005 begann die dritte Phase von Vogelsang: die von breitem gesellschaftlichem Konsens getragene Entwicklung zu einem in die Zukunft gerichteten Internationalen Platz. Am 1. Januar 2006 öffnete eine improvisierte Gästeanlaufstelle im ehemaligen Speisesaal am Adlerhof, die schrittweise zu einer umfassenden Besucherinformation in der Trägerschaft der Standortentwicklungsgesellschaft Vogelsang (SEV) ausgebaut wurde. Wichtigste Vermittler der Geschichte des Ortes waren von Anfang an die Vogelsang-Referentinnen und -Referenten, die Besuchergruppen nach Voranmeldung oder in täglichen offenen Rundgängen über das Gelände begleiten.

Im Jahre 2008 starteten die ersten Bildungsangebote für Erwachsene und Schulklassen, die ein breit gefächertes Feld zwischen Standortgeschichte, Regional- und Naturthemen berücksichtigten. Sie wurden in Kooperation mit dem Nationalpark Eifel entwickelt, nachdem auf Landesebene die Entscheidung gefallen war, das vorgesehene Nationalparkzentrum in den Räumen der ehemaligen Ordensburg unterzubringen.

Sonderausstellungen, meist Übernahmen oder Kooperationsprojekte, Vortrags- und Filmreihen sowie Einzelveranstaltungen ließen die Wahrnehmung Vogelsangs als Erinnerungs- und Lernort langsam, aber stetig anwachsen. Parallel dazu entwickelte sich auch eine kultur- und naturtouristische Veranstaltungskultur: von Zuschauer-

◄
Symbolische Öffnung des Schlagbaums an der ehemaligen belgischen Wache am 1. Januar 2006

►
Open-Air-Kino auf dem Adlerhof im Rahmen der Veranstaltungsreihe »Film-Schau-Plätze NRW« 2009

wanderungen des WDR durch den Nationalpark über den Dreiländertag der EuRegionale 2008 bis zu den Open-Air-Kinonächten mit der NRW-Filmstiftung auf dem Adlerhof.

Ein zunächst kontrovers diskutiertes unscheinbares Kürzel als Element einer Markenstrategie trug entscheidend zum Erfolg des Projekts Vogelsang bei: IP = Internationaler Platz (International Place). Die seit dem 1. Januar 2009 tätige Vogelsang IP gemeinnützige GmbH (VIP) mit ihren regionalen Gesellschaftern und dem Landschaftsverband Rheinland lebt und arbeitet für das Ziel, aus der ehemaligen NS-Ordensburg einen Ort der Begegnung und des friedlichen und auf eine gemeinsame Zukunft gerichteten Miteinanders entstehen zu lassen. So ist der Internationale Platz Vogelsang inzwischen Programm geworden, und das nicht allein im neuen Ausstellungs- und Besucherzentrum am Adlerhof.

Nachdem sich in den ersten Jahren nach der Öffnung des Geländes viele Ideen zu seiner zukünftigen Nutzung als wenig realistisch erwiesen, ist inzwischen eine Vogelsang-»Familie« der vor Ort tätigen Einrichtungen und Nutzer entstanden. Alle Standortpartner finden sich unter dem »Dach« des Internationalen Platzes Vogelsang wieder und arbeiten zwar in ihren eigenen Sparten, aber dennoch für das übergeordnete, gemeinsame Ziel.

◄
Kleingruppenarbeit
während eines Studientags
am Fackelträger-Relief

►
Geländeführung
mit einer Jugendgruppe

Im Mai 2012 konnten endlich die Bauarbeiten zur Umgestaltung des Adlerhofkomplexes, jetzt »Forum Vogelsang IP« genannt, beginnen; die zunächst geplante Bauzeit von zweieinhalb Jahren erwies sich angesichts des unvorhergesehen schlechten Zustands der historischen Architektur als zu optimistisch. Letztlich sind es etwas mehr als vier Jahre geworden.

Neben einem großzügigen Besucherzentrum und den beiden großen Ausstellungen der NS-Dokumentation und des Nationalparkzentrums Eifel gibt es einen Wechselausstellungsraum sowie Seminar- und Tagungsräume für die vielfältigen Veranstaltungen vor Ort. Das Zentrum ist durchgehend barrierefrei geplant und gestaltet und wird dem Anspruch, Internationaler Platz zu sein, auch durch seine Viersprachigkeit (Deutsch, Englisch, Französisch, Niederländisch) gerecht.

Sämtliche Angebote zur historisch-politischen und kulturellen Bildung sind seit 2014 in der Akademie Vogelsang IP gebündelt. Sie umfassen die Erwachsenenbildung einschließlich der Ausstellungs- und Geländeführungen, die Jugendbildung mit sämtlichen außerschulischen Bildungsangeboten sowie die Betreuung von Nutzern des Archivs und der Bibliothek der NS-Dokumentation. Aber auch Kooperationsprojekte mit re-

gionalen Partnern und Universitäten, die Netzwerkarbeit innerhalb der NS-Gedenk- und Erinnerungsorte, die Forschung zu historischen Standortthemen sowie die Erarbeitung von Publikationen und Ausstellungen gehören zum Aufgabenbereich der Akademie.

Die pädagogische Arbeit mit Schülerinnen und Schülern oder Gruppen von Jugendlichen und jungen Erwachsenen hat sich zu einem unverzichtbaren Standbein der Vermittlung und Diskussion historischer und gesellschaftspolitischer Themen entwickelt. Ein wissenschaftlich-pädagogisches Team erarbeitet auf aktuelle Fragen und Lehrpläne zugeschnittene Programmangebote, die von speziell ausgebildeten Jugendreferentinnen und -referenten durchgeführt werden. Das Pädagogische Zentrum der Akademie hat seine Studien- und Seminarräume in den Nebenbereichen des Kulturkinos.

Das Gelände

ERKUNDUNG DURCH RUNDGÄNGE

DIE ORDENSBURG ALS BAUDENKMAL DER NS- UND NACHKRIEGSGESCHICHTE

Das Gelände der ehemaligen Ordensburg Vogelsang erstreckt sich auf einem nach Norden zur Urfttalsperre abfallenden Bergsporn, dessen Plateau in ca. 460 Metern Höhe liegt. Die Anlage wurde in den Jahren 1934 bis 1941 im Auftrag der NSDAP durch deren Unterorganisation Deutsche Arbeitsfront (DAF) errichtet, blieb jedoch aufgrund des kriegsbedingten Baustopps unvollendet. Der Betrieb der Ordensburg als Schulungseinrichtung für den Parteiführernachwuchs begann 1936 in den zu diesem Zeitpunkt bereits fertig gestellten Bereichen der Unterkunftshäuser im Hang und des Adlerhofkomplexes, während überall sonst noch reger Baubetrieb herrschte.

Mit Beginn des Zweiten Weltkriegs wurden die Lehrgänge eingestellt, da die Teilnehmer als Soldaten oder in Diensten der NSDAP eingesetzt wurden. Neben einigen anderen zeitweiligen Nutzungen diente die Anlage von 1942 bis 1944 noch als Ersatzquartier für drei Adolf-Hitler-Schulen, die aufgrund der räumlichen Enge von der Ordensburg Sonthofen nach Vogelsang verlegt werden mussten. Ende 1944 wurden einige Teile der Anlage durch Luftangriffe der von Westen vorrückenden Alliierten zerstört oder beschädigt, insbesondere im Ostflügel des »Gemeinschaftshauses«, am Adlerhof sowie im Bereich der Unterkunftshäuser und des Schwimmbads.

1946 beschloss die britische Besatzungsmacht, rund um die ehemalige Ordensburg einen Truppenübungsplatz einzurichten und die Gebäude der Anlage als zentrale Kaserne und Kommandantur zu nutzen. Die Bewohner des im militärischen Sperrgebiet liegenden Dorfes Wollseifen mussten innerhalb weniger Wochen ihre Häuser räumen; der Ort wurde im Übungsbetrieb der nächsten Jahre bis auf wenige Gebäudereste zerstört. 1950 übergaben die Briten das »Camp Vogelsang« an die belgische Militärverwaltung, die den Truppenübungsplatz 55 Jahre lang zunächst für die eigene Armee, später auch als Trainingslager für andere NATO-Truppen, betrieb.

Im Zuge der militärischen Umnutzung wurden einerseits beschädigte Gebäudeteile aus der NS-Zeit in veränderter Form wieder errichtet, wie der Ostflügel und die Vorbereiche des Schwimmbads, aber auch bereits vor 1941 begonnene Bauten in anderer Form vollendet, wie die Kaserne Van Dooren, das Kino oder die Seitentrakte des Einfahrtsbereichs. Daneben wurden auf dem Gelände in den Jahrzehnten nach 1945 zusätzliche Funktionsbauten errichtet, wie die Unterkunftshäuser der »Schelde« (heute als Gemeinschaftsunterkunft für Geflüchtete umgebaut), das Trainingszentrum für ABC-Waffen (heute Unterkunft des Deutschen Roten Kreuzes), die ehemaligen Panzer- und Fahrzeughallen oder die Munitionsbunker.

Seit dem 1. Januar 2006 ist das Gelände von Vogelsang frei zugänglich; die Flächen des ehemaligen Truppenübungsplatzes hingegen gehören zum Nationalpark Eifel und unterliegen den dort geltenden Regeln. Ein gut beschildertes Wegenetz erschließt den Ort für den Wander- und Radtourismus und bindet ihn auch an regionale Fernwanderwege an (Eifelsteig, Wildnis-Trail Nationalpark Eifel).

In mehreren Stufen ist der gesamte Bereich von Vogelsang als Flächendenkmal unter Schutz gestellt worden. Sämtliche baulichen Veränderungen zum Zweck der Umnutzung werden mit der Denkmalpflege abgestimmt, damit das Erscheinungsbild der historischen Hinterlassenschaft der Nationalsozialisten erhalten bleibt und darüber hinaus auch die Überformungen und Umnutzungen durch Briten und Belgier ablesbar sind.

DIE RUNDGÄNGE AUF DEM GELÄNDE

Zur individuellen Erkundung bieten sich zwei ausgeschilderte Geländerundgänge an, die vom Besucherzentrum am Adlerhof ausgehen und auch wieder dorthin zurückführen. Die Gäste gelangen so an alle für die Geschichte des Ortes bedeutsamen Punkte und Gebäude und können sich anhand der an den Wegen und vor den historischen Gebäuden aufgestellten Tafeln die wesentlichen Informationen zu Architektur, Nutzung

und historischer Bedeutung während der NS-Zeit erschließen. Auch bauliche und funktionale Veränderungen oder die Neubauten der militärischen Nachkriegsnutzung werden erläutert.

Der Besuch der Dauerausstellung »Bestimmung: Herrenmensch. NS-Ordensburgen zwischen Faszination und Verbrechen« (vgl. S. 32–35) bietet zusammen mit dem Gelände und den architektonischen Hinterlassenschaften vertiefende Informationen und Impulse.

Der Plateaurundgang …

ist ca. 2,2 km lang und erschließt vom Besucherzentrum aus die südliche Hälfte des während der NS-Zeit bebauten Geländes auf der Hochfläche. Die Wege sind stufenlos und weisen nur geringe Gefälle und Steigungen auf.

Der Hangrundgang …

ist ca. 1,3 km lang und führt vom Besucherzentrum nördlich durch den Hang bis zu den unteren Sportstätten. Er ist individuell bis zur Victor-Neels-Brücke am Urftsee erweiterbar. Die ausgeschilderten Wege umfassen starke Steigungen und viele Treppenstufen.

Die Nummern der Infopunkte entsprechen denen der Tafeln im Gelände, deren Standorte auf der Orientierungskarte verzeichnet sind.

BAUTEN UND BAURELIKTE AUS DER NS-ZEIT

EINGANGS- UND WACHBEREICH | SPÄTER »MALAKOFF«

INFOPUNKT 01

Der Eingangs- und Wachbereich entstand in mehreren Bauphasen. Zunächst wurde bis 1936 das zentrale Tor- und Wachgebäude errichtet. Ihm wurden 1939 zwei Flügelbauten angefügt. Diese schließen die Anlage links und rechts mit zwei Querbauten ab, die wiederum durch Türme begrenzt werden. Nach der ursprünglichen Planung sollten die Türme mehr als doppelt so hoch werden, blieben jedoch unvollendet.

Die Türme tragen an den Frontseiten Propagandakunst: Der Westturm zeigt einen idealisierten Ordensjunker, der Ostturm einen mittelalterlichen Ordensritter. Damit konstruierte der Bildhauer eine künstliche Tradition: Der Bezug auf den mit dem Schwert missionierenden Deutschen Orden sollte die profane Erziehungsanstalt für den nationalsozialistischen Funktionärsnachwuchs zu einer Einrichtung von historischer Bedeutung erhöhen.

Beiderseits der Durchfahrt des Wachgebäudes standen ursprünglich steinerne Adlerskulpturen. Das belgische Militär ersetzte die Adler – nach dem Hakenkreuz das wichtigste Herrschaftssymbol des Nationalsozialismus – durch Löwen, das Wappentier Belgiens. Die Säulen an den Innenseiten der Tordurchfahrt wurden 1939 nachträglich eingefügt und sind dekorative Elemente ohne konstruktive Funktion.

»BURGSCHÄNKE«

INFOPUNKT 05

Die »Burgschänke« wurde als dritter Flügel des zentralen Baukomplexes rund um den Adlerhof auf künstlich erhöhtem Niveau am Westhang errichtet. Sie besteht aus einem Hauptgeschoss, in dem sich ein Speisesaal mit 500 Sitzplätzen, eine Kaminhalle, eine Galerie und Nebenräume befinden, sowie einem Untergeschoss mit Kegelbahn, Sanitäranlagen und Vorratsräumen. Die Gastronomie während der NS-Zeit wurde von Pächtern betrieben und war auch für Gäste von außen nutzbar.

Die »Burgschänke« ist das einzige nationalsozialistische Bauwerk Vogelsangs, das außen wie innen weitgehend im Originalzustand erhalten ist. Wie bei allen anderen Gebäuden handelt es sich teilweise um einen Betonbau, der mit Naturmaterialien dekoriert wurde. Die Verkleidung bedient sich zahlreicher Elemente der Heimatschutz-Architektur: Holz, Schiefer und Naturstein (Grauwacke) außen, massive Holzbalkendecken und Fachwerkwände innen.

Das in Schiefer gearbeitete Kaminrelief »Wilde Jagd« zeigt das Motiv des »wilden Heers« aus der germanischen Mythologie.

Das belgische Militär nutzte die »Burgschänke« als Kantine sowie als Besprechungsraum für ihre Kommandantur.

»HAUS FÜR WEIBLICHE ANGESTELLTE« | SPÄTER »REDOUTE«

INFOPUNKT 08

Das Haus wurde als Wohnheim für das nicht in der Region ansässige weibliche Hilfspersonal in Vogelsang errichtet. Ein Jahr nach Fertigstellung richtete die Deutsche Arbeitsfront hier eine Krankenstation mit einem Burgarzt und Pflegepersonal ein. Gegen den Willen der Medizinalbehörde des Kreises wurde dieses Krankenrevier 1941 in ein allgemeines Krankenhaus mit 32 Betten umgewandelt.

Ab 1942 gab es hier auch eine Entbindungsstation, wo vor allem Frauen aus den durch den Bombenkrieg gefährdeten Großstädten Aufnahme fanden. Dies führte zu unzutreffenden Gerüchten, es habe in Vogelsang eine Niederlassung des SS-Vereins »Lebensborn e. V.« zur »Züchtung« »arischen« Nachwuchses gegeben.

Der Haupttrakt des Gebäudes ist im Unterschied zu den anderen Bauwerken in Vogelsang nicht mit Bruchstein verkleidet, sondern verputzt und gestrichen; dadurch wirkt er moderner und leichter. Das belgische Militär nutzte den von ihm als »Redoute« bezeichneten Komplex als Unterkunft für Offiziere.

TURM MIT »EHRENHALLE«

INFOPUNKT 10

Im Osten wird der zentrale Baukomplex rund um den Adlerhof durch einen Flankenturm von 48 Metern Höhe abgeschlossen. Er prägt das Bild Vogelsangs aus der Ferne und ist ein Hauptelement der kalkulierten Inszenierung als Ordensburg. Tatsächlich hat der Vierkantturm des Kölner Architekten Clemens Klotz mit dem Bergfried einer mittelalterlichen Burg nichts gemein, sondern folgt modernen Vorbildern aus dem Industrie- und Gewerbebau.

Funktional betrachtet, handelt es sich um einen Wasserturm, der allerdings nur so lange genutzt wurde, bis die Wasserversorgung Vogelsangs durch Druckleitungen gesichert war.

Im freien Raum unterhalb des Hochbehälters entstand eine sakral gestaltete »Ehrenhalle« zum Gedenken an die Toten des Hitler-Putsches von 1923, die von der Partei zu »Märtyrern der Bewegung« stilisiert wurden. Der Raum öffnete sich zum Hörsaal des »Gemeinschaftshauses« hin in der Art einer Apsis. An Stelle eines Altars stand die überlebensgroße Holzfigur »Der deutsche Mensch«. Bei geöffnetem Vorhang und entsprechender Dekoration ergab sich die Illusion eines Sakralraums.

»KAMERADSCHAFTSHÄUSER«

INFOPUNKT 11

In den Jahren 1934/35 wurden auf drei neu angelegten Terrassenstufen im Hang zehn Unterkunftsgebäude errichtet, die den Namen »Kameradschaftshäuser« erhielten und die Achsensymmetrie des Geländes betonten. Clemens Klotz konzipierte diesen Bereich als Pavillonanlage mit freistehenden Einzelbauten, die über Fußwege und Treppenanlagen miteinander verbunden und von einer Kunstlandschaft aus Wiesen, ummauerten Pflanzenbeeten, Büschen und Bäumen umgeben waren.

Stilistisches Vorbild waren Krankenhäuser und Heilanstalten, wie sie seit der Wende zum 20. Jahrhundert im geistigen Umfeld der Heimatschutzbestrebungen entstanden waren. Diese konservative Bewegung war in den 1920er Jahren zunehmend unter den Einfluss der völkischen »Blut-und-Boden«-Ideologie geraten. Gleichzeitig orientieren sich die Unterkunftshäuser aber auch an zeitgenössischen Wohnsiedlungsanlagen der Weimarer Zeit.

Im Inneren gliederten sich die Gebäude in zwei Geschosse. Das Obergeschoss umfasste jeweils zwei Schlafsäle für 20 Personen und zwei Aufenthaltsräume. Im Erdgeschoss lagen ein großer »Kameradschaftsraum«, ein Studienraum sowie die sanitären Einrichtungen. Zwei der »Kameradschaftshäuser« wurden bei Kriegsende durch Bomben zerstört. Die übrigen acht wurden von der belgischen Militärverwaltung instand gesetzt und als Unterkunft für Soldaten genutzt.

FACKELTRÄGER-RELIEF UND »SONNWENDPLATZ«

INFOPUNKT 12

Am einstigen »Sonnwendplatz« wurde ein sechs Meter hoher Wandblock mit einer Feuerschale errichtet. Die Vorderseite zeigt einen dem Sturm trotzenden unbekleideten Fackelträger mit athletischem Körper, angelehnt an die Monumentalplastiken, die für die Olympischen Spiele 1936 auf dem Berliner Reichssportfeld angefertigt worden waren, wo der Kölner Bildhauer Willy Meller zwei Aufträge erhalten hatte.

Die Inschrift lautete: »Ihr seid die Fackelträger der Nation. Ihr tragt das Licht des Geistes voran im Kampfe für Adolf Hitler.« Skulptur und Text machten auf eingängige Weise klar, worum es in Vogelsang gehen sollte: um die Heranbildung einer körperbetonten und weltanschaulich gefestigten Gefolgschaft nationalsozialistischer Kämpfer.

Das Relief Mellers ist eine von vielen überlebensgroßen Skulpturen des »Dritten Reichs«, in denen systemkonforme Künstler das rassistische Herrenmenschenideal des Nationalsozialismus gestalteten.

SPORTANLAGEN

INFOPUNKT 13

Das von den Nationalsozialisten propagierte rassisch-heroische Menschenideal vereinte körperliche Eigenschaften wie Gesundheit, Stärke und Schönheit mit charakterlichen Werten wie Askese, Härte und Furchtlosigkeit. Da die meisten der erwünschten Eigenschaften durch Sport trainiert werden konnten, spielte dieser im Lehrplan von Vogelsang eine dominierende Rolle. Ausgeübt wurden nahezu alle gängigen Sportarten.

Dementsprechend stellten die Sportbauten einen elementaren Teil der Schulungsanlage dar. Ab 1935 entstanden ein Sportplatz mit Laufbahn, eine Schwimmhalle mit einem 25-Meter-Becken, eine Turnhalle und ein Schießstand. Die unterhalb der »Kameradschaftshäuser« in den Hang hinein gebauten Sportstätten wurden im weiteren Ausbau mit Wegen, Treppen, Rampen, Terrassen, Plätzen und Wiesen umgeben, sodass die Anlage immer näher an den See rückte.

Den Innenraum der Schwimmhalle beherrscht stirnseitig ein Mosaik dreier nackter Athleten, die in pathetischer Geste durch die Meeresbrandung schreiten. Ein Relief aus roter Basaltlava an der Mauer der Ehrentribüne am Sportplatz zeigt sieben Athleten verschiedener Sportarten (Kugelstoßen, Speer- und Diskuswurf, Ballsport, Staffellauf, Boxen und Hammerwurf) unter den Schwingen des Parteiadlers. Das Relief wurde von Besatzungssoldaten beschossen und ist stark verwittert.

FREILICHTBÜHNE ALS »THINGSTÄTTE«

INFOPUNKT 14

»Ding« bzw. »Thing« war der Name der germanischen Volks- und Gerichtsversammlung. Hiervon leitete sich der Begriff des »Thing«spiels ab, einer nationalsozialistischen Sonderform des Freilichtspiels, die sich hauptsächlich am Theater der griechischen Antike orientierte. Durch die Architektur der neu gebauten »Thing«bühnen und eigens dafür geschriebene Stücke sollte die theaterübliche Trennung von Schauspielern und Zuschauern aufgehoben werden, um Gemeinschaftserlebnisse im Sinne der Volksgemeinschaftsideologie zu stimulieren.

Dementsprechend wurden bevorzugt handlungsarme chorische Sprechspiele mit kultischem Charakter aufgeführt. Mehr Feiergestaltung als echtes Theater, wurde das »Thing«spiel wegen des geringen Niveaus der Stücke und nachlassendem Publikumsinteresse ab 1937 nicht mehr staatlich gefördert.

Die Feierstätte in Vogelsang war bereits in den ersten Bauplanungen enthalten. Clemens Klotz folgte den Richtlinien der »Beratungsstelle für die architektonische Ausgestaltung von Thingplätzen« und baute in Hanglage unterhalb der »Kameradschaftshäuser« ein griechisches Theater en miniature mit halb offenem Zuschauerraum. Der Feierplatz ruht auf einem bastionsartigen Unterbau, der fast bis an den Sportplatz hinabreicht. Er diente unter anderem auch für Maifeiern und musikalische Aufführungen.

»HUNDERTSCHAFTSHÄUSER«

INFOPUNKT 15

Mit dem »Gemeinschaftshaus«, das das Hauptgebäude rund um den Adlerhof (vgl. S. 28 – 29) mit Ost- und Westflügel bezeichnete, dem Appellplatz sowie den zehn »Kameradschaftshäusern« am Nordhang war 1936 der erste Bauabschnitt der Ordensburg fertiggestellt. Noch im selben Jahr ließ Clemens Klotz Teile des Westhangs unterhalb der künftigen »Burgschänke« terrassieren. Auf zwei neuen Geländestufen wurden vier weitere Unterkunftsgebäude errichtet, weil man die Zahl der Ordensjunker von 500 auf 1000 Mann pro Jahrgang erhöhen wollte.

Die »Hundertschaftshäuser« sind lang gestreckte dreigeschossige Bauten. Jedes der beiden Obergeschosse umfasste drei Schlafsäle für jeweils 20 Personen, im Erdgeschoss befanden sich ein Gemeinschaftsraum und die sanitären Einrichtungen. Im Endausbau sollten im Westhang zehn solcher Häuser entstehen. In den Berg unter der Terrassenanlage wurden drei Luftschutzbunker eingebaut. Die belgische Militärverwaltung nutzte die »Hundertschaftshäuser« als Unterkunftsgebäude für Soldaten.

BAUTEN AUS DER BELGISCHEN MILITÄRZEIT

TRUPPENKINO »KRYPTE« | HEUTE KULTURKINO

INFOPUNKT 03

Nach den Plänen des Architekten Clemens Klotz sollte die terrassenförmig ansteigende Anlage Vogelsangs durch ein monumentales »Haus des Wissens« auf dem Plateau gekrönt werden. Westlich dieses Hauptgebäudes war der Bau eines großen neuen Hörsaals vorgesehen, der den Hörsaal im Ostflügel am Adlerhof ersetzen sollte. Als die Bauarbeiten 1941 aus Kriegsgründen eingestellt wurden, waren die Fundamente gelegt und Teile des Rohbaus erstellt.

Diese nutzte die belgische Standortkommandantur nach 1950 zur Errichtung eines Verwaltungsgebäudes (»Krypte«) mit einem Truppenkino. Das 1100 (heute noch 850) Sitzplätze bietende und mit einem Orchestergraben ausgestattete Kino ist – mit Ausnahme der Vorführtechnik – im Originalzustand erhalten. Dies umfasst die Wandbespannung, die Deckengestaltung, die Beleuchtungseinrichtungen, die Einrahmung der Bühne und die Bestuhlung des Saales.

Das Gebäude ist eines der letzten Beispiele für die Filmtheaterarchitektur der 1950er Jahre. Die Projektionstechnik des 2011 geschlossenen Kinos in Gemünd wurde durch den Verein der »Film- und Kinofreunde Vogelsang IP« 2016 umgebaut und im Bildwerferraum vorführfertig installiert.

Seit 2012 wird das Kulturkino für Veranstaltungen wie Konzerte, Theater, Vorträge, Filmaufführungen und Ausstellungen vielfach genutzt und beherbergt das Pädagogische Zentrum der Akademie Vogelsang IP. Hier stehen in den Nebenbereichen mehrere Seminarräume für die Arbeit der Gruppen zur Verfügung. Außerdem beherbergt das Kulturkino die Bibliothek und das Archiv der NS-Dokumentation Vogelsang.

BELGISCHE KASERNE »VAN DOOREN«

INFOPUNKT 04

Nachdem Vogelsang 1950 von den britischen an die belgischen Streitkräfte übergeben worden war, entfalteten diese umfangreiche Bauaktivitäten. Der Bevölkerung in der Region wurde bald deutlich, dass das belgische »Camp Vogelsang« kein Provisorium sein sollte. Erst zum 1. Januar 2006 wurde das Gelände an die Eigentümerin, die Bundesrepublik Deutschland, zurückgegeben.

Auf den Fundamenten, die von den Nationalsozialisten für ein monumentales »Haus des Wissens« gelegt worden waren, errichtete die belgische Militärverwaltung den wichtigsten Nachkriegsneubau des Standorts: die Kaserne »Van Dooren«, benannt nach einem im Krieg gegen Nazideutschland gefallenen belgischen Offizier. Dabei verwendete man als nördliche Außenwand eine mehr als 100 Meter lange Stützmauer von 1938/39, die das abfallende Gelände zur Seeseite egalisieren sollte.

Stilistisch lehnten sich die Planer der belgischen Militärbaubehörde an die Bauweise des Vogelsang-Architekten Clemens Klotz an: Die dreigeschossige, winkelförmige Kaserne wurde wie fast alle anderen Bauten in Vogelsang an der Außenseite mit Naturstein (Grauwacke) verkleidet. Das Gebäude bot auf einer Geschossfläche von mehr als 20000 Quadratmeter Unterkünfte und Versorgungseinrichtungen für bis zu 900 Soldaten.

BELGISCHE TANKSTELLE

INFOPUNKT 09

Die Tankstelle gehört zu den von der belgischen Standortkommandantur errichteten Funktionsbauten des Truppenübungsplatzes. Mit ihrem ovalen Grundriss, dem auf Betonstützen ruhenden Flachdach und den beiden halbrunden Pavillonbauten vereint sie den Baugeschmack der 1950er Jahre mit Funktionselementen der modernen Tankstelle, wie sie in den 1920er Jahren in den USA entwickelt worden war.

Die Anlage zählt zu den letzten, stilrein erhaltenen Tankstellenbauten der Nachkriegszeit und steht deshalb seit 2006 unter Denkmalschutz. Die beiden Tanksäulen wurden bei der Restaurierung anstelle der nicht mehr vorhandenen Original-Zapfanlagen neu aufgestellt.

BESUCHERZENTRUM
EHEMALIGER ADLERHOF

INFOPUNKT 07

Der Adlerhof bildete den Mitteltrakt des »Gemeinschaftshauses« der Ordensburg, das sich mit einer 210 Meter langen Front an der Oberkante des zum Urftsee abfallenden Hanges entlangzieht. In der Wandelhalle des Adlerhofs lagen die Hauptzugänge zu den beiden Flügelbauten im Osten und Westen. Der Ostflügel mit seinem 48 Meter hohen Flankenturm enthielt einen Hör- und Festsaal, einen Speisesaal, eine Großküche und weitere Wirtschaftsräume. Im Untergeschoss des Westflügels war die Bibliothek mit Lesesaal untergebracht.

Der Adlerhof war ursprünglich komplett umbaut. Er war zum See hin durch eine offene Wandelhalle mit verglasten Gusseisentüren, nach den anderen Seiten durch eingeschossige Gebäude, die neben der Eingangshalle Büros und Wohnräume für den Kommandanten und weiteres Führungspersonal der Ordensburg umfassten, eingerahmt.

Seinen Namen erhielt der Platz von zwei Adlern aus Muschelkalk, die beiderseits einer in der Platzmitte aufgestellten Brunnenschale standen und die Köpfe dem südlich gelegenen Eingang zuwandten. Die Adlerplastiken wurden 2012 bei Bauarbeiten zum neuen Forum Vogelsang IP im Verfüllschutt der Keller am Adlerhof, beschädigt und kopflos, wieder aufgefunden. Gegen Kriegsende zerstörten Bomben die östlichen und südlichen Randbauten. Sie wurden nicht wieder aufgebaut.

Im Zuge der Umbauplanung zur Errichtung der beiden Ausstellungen der NS-Dokumentation und des Nationalparkzentrums Eifel entwarf der Architekt Henner Winkelmüller aus Berlin ein neues Eingangsgebäude auf dem ehemaligen Adlerhof. Es grenzt sich in seiner Material- und Formensprache deutlich von der historischen Umgebung ab und nimmt auch bewusst nicht den Platz eines Vorgängerbaues im Sinne einer Baulückenschließung ein.

Vielmehr entspricht der Baukörper der Grundidee des Architekten, der NS-Architektur im Inneren eine neutrale, aus der Funktion entwickelte moderne Raumform vorzusetzen und diese an bestimmten Stellen nach außen ›durchbrechen‹ zu lassen. Diese Ausstülpungen in Grün folgen nicht der vorgegebenen Gliederung und Rhythmisierung der historischen Fassaden, sondern sind durchaus als (ver)störende Elemente ausgeprägt.

Neben dem Eingangsgebäude des Besucherzentrums und dem neuen Vortragsraum mit darüberliegender Gastronomie-Außenterrasse sind solche Punkte vor allem der Durchbruch durch die Bebauung auf der westlichen Seite des Adlerhofs und die Fensteröffnungen innerhalb der beiden Ausstellungen im West- und Ostflügel.

BLICKE IN DAS UMLAND
WOLLSEIFEN

INFOPUNKT 02

Die Bewohner von Wollseifen hatten um 1900 zunächst wirtschaftlich vom Bau der Urfttalsperre profitieren können. Die Errichtung der Ordensburg Vogelsang in unmittelbarer Nähe hatte zwei Seiten: Zum einen mussten die Wollseifener viel Land und Wald an die Deutsche Arbeitsfront als Bauherrn abtreten, zum anderen sollte Wollseifen als zukünftiges NS-Musterdorf auch besonders gefördert werden.

Die Errichtung des Truppenübungsplatzes »Camp Vogelsang« 1946 führte Anfang August 1946 zum Räumungsbefehl durch die Militärverwaltung der britischen Besatzungszone. Die geräumten Gebäude des Dorfes wurden bei den Übungen des Militärs schon bald zerstört. Die belgische Militärverwaltung, die den Truppenübungsplatz 1950 übernommen hatte, veranlasste 1955 die Aufhebung des Friedhofs und ermöglichte die Umbettung der Toten von Wollseifen an einen neuen Ort.

Heute erinnern an das einstige Dorf hauptsächlich die als Erinnerungsort eingerichtete Ruine der früheren Pfarrkirche und eine Ausstellung über die Geschichte Wollseifens bis zu seinem Untergang in der ehemaligen Volksschule. Daneben befinden sich auf dem jetzt im Nationalpark liegenden Areal noch wenige Gebäuderohbauten, die in den 1980er Jahren für Häuserkampfübungen errichtet wurden und als Relikte des Kalten Krieges ebenfalls unter Denkmalschutz stehen.

URFTSEE

INFOPUNKT 06

Von der ehemaligen Ordensburg Vogelsang fällt der Blick auf den etwa 130 Meter tiefer gelegenen Urftsee. An der Urfttalsperre mit der 58 Meter hohen Staumauer wird die Urft, ein Nebenfluss der Rur, auf einer Länge von 14 Kilometern bis nach Gemünd aufgestaut. Die Talsperre entstand in den Jahren 1899 bis 1905. Bauherr war die von der Stadt Aachen und den Landkreisen der Region gebildete Rurtalsperren GmbH.

Der Stausee sollte den Wasserstand der Urft regulieren und Energie liefern. Zur Stromerzeugung wurde in dem tiefer gelegenen Ort Heimbach-Hasenfeld ein Kraftwerk errichtet, dessen Turbinen von einem durch den Berg geführten Wasserstollen von 2,8 Kilometern Länge gespeist werden. Im Zuge der Schlacht um den Hürtgenwald, im Spätherbst 1944, wurde die Talsperre beschädigt. Die Wehrmacht sprengte daraufhin die Verschlüsse des Stollens, wodurch sich der See vollständig entleerte.

Der Urftsee entwickelte sich schon vor dem Ersten Weltkrieg zu einem beliebten Ausflugsziel. Als die britischen Streitkräfte nach Kriegsende den Truppenübungsplatz Vogelsang einrichteten, wurde der See Teil des militärischen Sperrgebiets. Heute ist er mit den durch den Nationalpark bedingten Nutzungseinschränkungen wieder allgemein zugänglich.

Die Ausstellung

SCHWERPUNKTE UND FRAGEN

»BESTIMMUNG: HERRENMENSCH. NS-ORDENSBURGEN ZWISCHEN FASZINATION UND VERBRECHEN«

Was machte die Attraktion eines Ortes wie Vogelsang während der NS-Zeit aus? Welche Versprechungen wurden hier jungen Männern von der Führung hinsichtlich ihrer Zukunft gemacht? Von welchen Hoffnungen und Sehnsüchten nach sozialem Aufstieg waren sie bewegt? Waren sie durch Drill und Formierung dazu vorbestimmt, sich an Verbrechen zu beteiligen oder konnten sie auch nein sagen? Sahen sie sich selbst als Herrenmenschen und handelten auch so?

Die Ausstellung »Bestimmung: Herrenmensch. NS-Ordensburgen zwischen Faszination und Verbrechen« lenkt den Blick auf eine Gruppe von jungen Männern, die von der Führung der NSDAP auserwählt wurde, sich in den sogenannten Ordensburgen zur zukünftigen Führungselite der NS-Herrschaft formen zu lassen. Am Beispiel von Vogelsang wird deutlich, wie sehr die Architektur eingesetzt wurde, um Macht und Herrschaft der Partei zu dokumentieren.

Die Ordensburgen waren stets Schulungsstätten wie auch Bühnen der Selbstdarstellung für die Großen der Partei. Zugleich haftete ihnen auch etwas Unfertiges und Überstürztes an: Vieles wirkte improvisiert und von Rastlosigkeit getrieben. Dies gilt erst recht für die Ausbildungsinhalte der Lehrgänge, die permanent geändert und parteiintern kritisiert wurden.

Dennoch wurden die Ordensjunker, wie sie sich selbst nannten, der »Volksgemeinschaft« als neue Elite der Partei präsentiert, und viele fühlten sich auch so. Sie glaubten, mit ihrer Berufung in die Ordensburgen einen Weg zum sozialen Aufstieg und in eine berufliche Karriere beschritten zu haben. Die Männergesellschaft, in die sie aufgenommen worden waren, verhieß ihnen Sicherheit und Geborgenheit in der Kameradschaft Gleichgesinnter.

Die ideologische Prägung erfolgte durch Vortragsreihen und Seminare, aber auch durch die körperliche Formung mit militärischem Drill und vielerlei Sport. Vor allem durch das Fach Rassenlehre wurde das Bild von der Überlegenheit des »arischen« »Herrenmenschen« ständig verstärkt. Eine nationalsozialistische Ersatzreligion mit Riten und pathetischen Feiern ließ die Ordensjunker glauben, Anteil zu haben an der Schaffung eines »Neuen Menschen« der Zukunft.

Mit diesem ideologischen Hintergrund zogen die Männer von den Ordensburgen zunächst als Soldaten in den Krieg, der speziell im Osten ein Rassen- und Vernichtungskrieg wurde. In Polen, den baltischen Staaten, Weißrussland und der Ukraine wurden mehrere Hundert von ihnen dann in der Besatzungsverwaltung eingesetzt, und viele von ihnen waren dort an nationalsozialistischen Verbrechen beteiligt. Es dauerte sehr lange, bis sich die Nachkriegsgesellschaft und schließlich die Justiz für die einzelnen Täter zu interessieren begann.

Die Ausstellung will keine einfachen Antworten geben. Sie möchte zunächst einmal dazu animieren, Fragen, wie die eingangs beispielhaft gestellten, entstehen zu lassen. Mehr noch: sie zulassen zu können, auch wenn sie bei einem Thema der NS-Geschichte auf den ersten Blick befremdlich erscheinen mögen. Die NS-Dokumentation nimmt konkretes Täterhandeln, einzelne Handlungsräume wie die Handelnden selbst mit ihren Überzeugungen, ihren Prägungen und ihrem Tun in den Blick, erschließt jedoch auch Perspektiven und Stimmen von Opfern. Vor allem dieser Blick auf die Handlungsmöglichkeiten und das konkrete Handeln des Einzelnen kann Türen zur Erkenntnis öffnen, wie es zu den größten Verbrechen in der europäischen Geschichte kommen konnte.

Zum Schluss bleiben Fragen, die bewusst über die NS-Geschichte hinausgreifen: Wie hätten wir selber gedacht und gehandelt, wären wir in eine ähnliche Zeit und Aufgabe gestellt worden? Gibt es heute vergleichbare Situationen auf der Welt oder in unserem Umfeld? Was bedeuten uns Demokratie und Pluralität in unserer eigenen Gesellschaft?

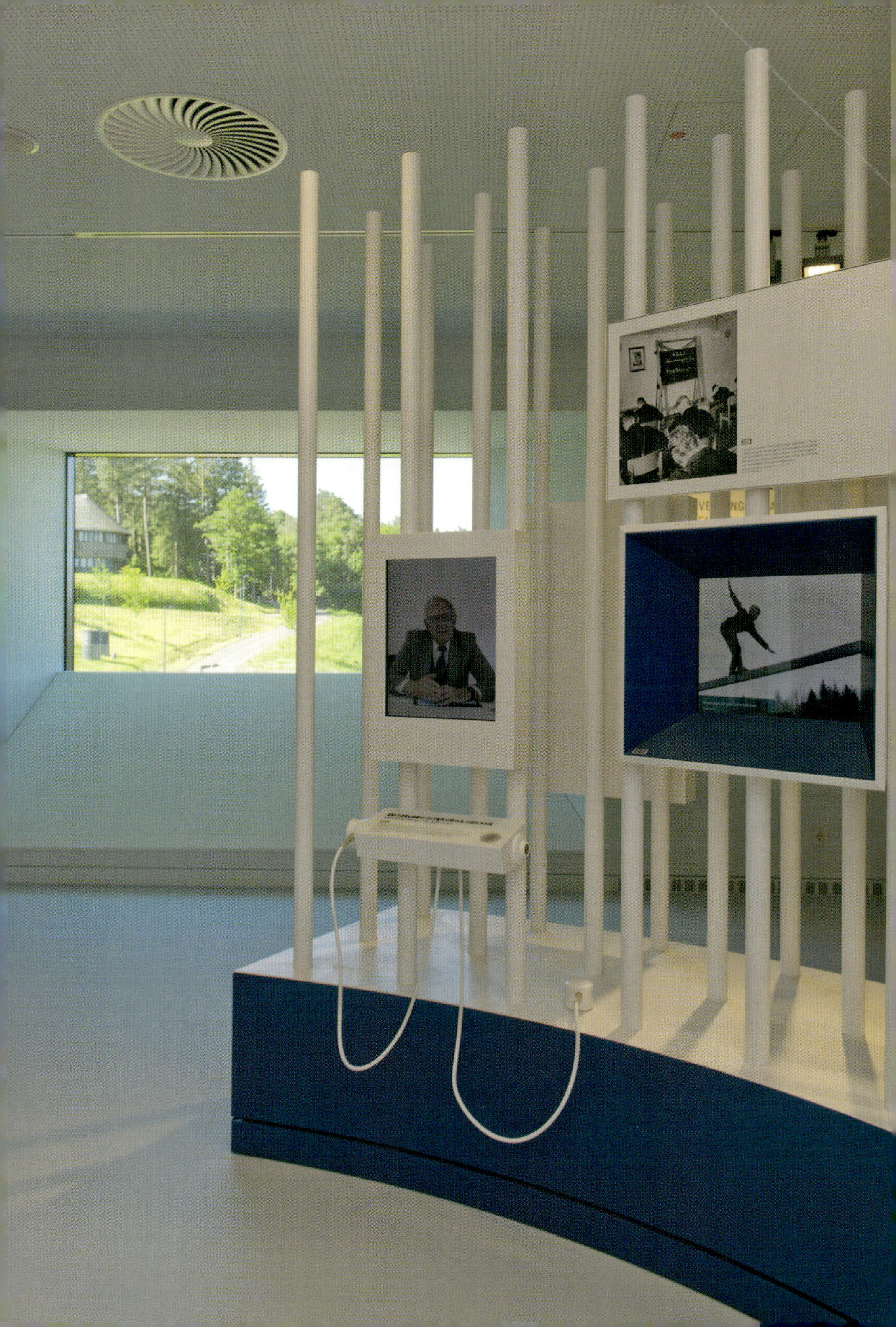

Die Geschichte

LESETEIL ZUR VERTIEFUNG

DIE ORDENSBURGSCHULUNG – EINE GESCHICHTE VON IMPROVISATION UND SCHEITERN

Seit der Ernennung Adolf Hitlers zum Reichskanzler am 30. Januar und vor allem ab März 1933 begann eine systematische politische »Gleichschaltung« des öffentlichen Lebens in Deutschland. Von der Spitze der Regierung bis zu den Kommunalverwaltungen übernahmen Funktionäre der Nationalsozialistischen Deutschen Arbeiterpartei (NSDAP) staatliche Ämter. Deshalb standen sie für Parteiaufgaben nur noch eingeschränkt zur Verfügung. Zugleich wuchs die Parteiorganisation der NSDAP durch Massenbeitritte. Innerhalb weniger Monate verdreifachte sich ihre Mitgliederzahl, bis zum 1. Mai 1933 eine vorübergehende Aufnahmesperre ausgesprochen wurde. Die Partei benötigte also dringend politischen Führungsnachwuchs. Der Bau der Ordensburg Vogelsang in der Eifel und ihrer Schwestereinrichtungen in Sonthofen im Oberallgäu und in Krössinsee bei Falkenburg/Złocieniec im heute polnischen Pommern stand deshalb in Zusammenhang mit den Personalnöten, in die die NSDAP mit der Machtübernahme am Jahresanfang 1933 geraten war. Um die Heranziehung und Schulung der zukünftigen Führer konkurrierten verschiedene hohe Parteifunktionäre, unter ihnen Robert Ley.

Ley fühlte sich hierzu in seiner Funktion als Reichsorganisationsleiter der NSDAP besonders berufen. Außerdem verfügte er als Leiter der im Mai 1933 gegründeten Deutschen Arbeitsfront, die das Vermögen der zerschlagenen Gewerkschaften übernahm, über die nötigen Finanzmittel, um ein aufwändiges Ausbildungsprogramm umzusetzen. Während seiner Planungen entwickelte sich das Vorhaben einer »Ordensburgschulung« erst allmählich; wahrscheinlich hat Ley seinen Handlungsschritten erst nachträglich ein Konzept unterlegt. Von seiner Ursprungsidee, »Schulungslager« in Holzbaracken oder funktionalen Neubauten zu errichten, wich er jedenfalls schon bald ab zugunsten größerer Repräsentationsbauten. Dimensionen und Architektur der Neubauten sollten den dauerhaften Herrschaftsanspruch der NSDAP widerspiegeln. Wie in Sonthofen und in Krössinsee bestimmte auch in Vogelsang die Grenznähe die Standortwahl: Die Ordensburgen sollten dort die Wehrhaftigkeit des Reiches symbolisieren und Ausstrahlungskraft auf die »Volksdeutschen« jenseits der Grenzen ausüben. Erst 1935 bürgerte sich im parteisprachlichen Gebrauch die Bezeichnung »Ordensburgen« ein.

Der Bau der drei Ordensburgen verlief in etwa gleichzeitig. In Vogelsang erfolgten der erste Spatenstich im März 1934, im September die Grundsteinlegung, und bereits im Dezember wurde das Richtfest für die Hauptgebäude gefeiert. Alle drei Ereignisse wurden mit beträchtlichem Medienrummel begangen, um den Bauherrn Ley und sein

◀ Lehrgangsteilnehmer (»Kameradschaft«) vor ihrem Unterkunftshaus, 1936

Schulungskonzept politisch in Szene zu setzen. Der Personalaufwand für die Bauarbeiten war hoch, da selbst bei den umfangreichen Terrassierungsarbeiten des Geländes weitgehend per Hand gearbeitet wurde. Das Projekt war somit auch eine Arbeitsbeschaffungsmaßnahme und ein Instrument regionaler Wirtschaftsförderung in der strukturschwachen Eifel.

Bei der feierlichen Eröffnung der drei Ordensburgen, die im April 1936 von Ley symbolträchtig an Adolf Hitler »übergeben« wurden, waren die Anlagen nur teilweise einsatzbereit. Als die ersten Lehrgangsteilnehmer in Vogelsang einrückten, fanden sie beispielsweise die Sportstätten noch nicht fertiggestellt vor, und auch an anderen Stellen der Anlage wurde weitergebaut. Erst kurz zuvor war nämlich die Entscheidung gefallen, die Unterkünfte von den ursprünglich vorgesehenen 500 Plätzen auf 1 000 aufzustocken.

Auch während des drei Jahre dauernden Lehrgangsbetriebs in Vogelsang war die Ordensburg eine Dauerbaustelle; viele Teile blieben unvollendet. Dies gilt auch für die 1939 westlich der Anlage begonnene Siedlung »Dorf Vogelsang« für das Stammpersonal der Ordensburg und für verheiratete Lehrgangsteilnehmer. In ihren fortdauernden Planungen strebten Ley und der Kölner Architekt Clemens Klotz eine Erweiterung an, die den Gesamtcharakter der Anlage grundlegend verändert hätte: Neben der Errichtung eines monumentalen »Haus des Wissens« auf dem Plateau oberhalb des Zentralgebäudes (Infopunkt 04) sahen die Pläne auch den Bau eines großen Sportstadions vor. Kriegsbedingt wurden diese Bauten 1941 eingestellt; die Planungen aber gingen weiter. Im Winter 1941/42 beschäftigte sich Klotz beispielsweise mit dem Bau eines sehr groß dimensionierten Hotels am Rande der Anlage. Es sollte von der NS-Freizeitorganisation Kraft durch Freude unterhalten werden, die unter dem Dach der Deutschen Arbeitsfront und damit unter Leys direktem Einfluss stand.

So wie der Bau der Ordensburg von ständig veränderten Planungen geprägt war, kennzeichneten Improvisationen auch den Schulungsbetrieb in Vogelsang. Das von Ley und Otto Gohdes, dem Reichschulungsleiter der NSDAP und Kommandanten der Ordensburg Krössinsee, entwickelte Ausbildungsprogramm sah zunächst ein mehrstufiges »Ausleseverfahren« der Lehrgangsteilnehmer vor. Diese sollten dann eine dreijährige Schulung im jährlichen Wechsel der Ordensburgen durchlaufen. Spätere Planungen sahen eine vierjährige Ausbildung unter Einschluss einer weiteren Ordensburg bei der historischen Marienburg in Polen vor, die jedoch nie gebaut wurde. Aber selbst die dreijährige Schulung konnte bei Eröffnung der Ordensburgen 1936 nicht unmittelbar begonnen werden, da das Stammpersonal für den Schulungsbetrieb noch fehlte. Dieses wurde 1936/37 überwiegend in zwei Kurzlehrgängen ausgebildet. Der erste dieser Kurzlehrgänge war zeitweise ins westfälischen Erwitte ausgelagert, wo die NSDAP und die Deutsche Arbeitsfront eine »Reichsschulungsburg« unterhielten. Er wurde nach der Eröffnung der Ordensburg in Vogelsang abgeschlossen, der zweite komplett dort durchgeführt.

Die Absolventen der Kurzlehrgänge in Vogelsang traten entweder als Mitarbeiter in die Kreis- und Gauleitungen der NSDAP ein oder wurden als »Kameradschaftsführer« in den Dienst der Ordensburgen übernommen. In Krössinsee begann im Herbst 1937 für den ersten Jahrgang der politischen Führeranwärter die reguläre Ausbildung. Die Lehrgangsteilnehmer sollten hier eine Art Grundausbildung durchlaufen, während für die nachfolgenden Stationen Vogelsang und Sonthofen eine jeweils einjährige Fortbildung in nationalsozialistischer Ideologie sowie eine körperlich-wehrsportliche Intensivschulung vorgesehen waren. Da der Schulungsbetrieb in den Ordensburgen bei Kriegsbeginn im September 1939 eingestellt wurde, absolvierte kein einziger der Lehrgangsteilnehmer das vorgesehene Ausbildungsprogramm komplett. Lediglich diejenigen Kurzlehrgangsteilnehmer von 1936/37, die in das Stammpersonal aufgenommen worden waren, verbrachten mehr als zwei Jahre in den Ordensburgen.

Parallel zum Start des ersten regulären Lehrgangs hatte Ley die Adolf-Hitler-Schulen eingerichtet, aus denen er später Teilnehmer für die Ordensburgausbildung zu gewinnen hoffte. So hätte es, selbst wenn die Ausbildung nicht vorzeitig abgebrochen worden wäre, noch geraume Zeit gedauert, bis die ersten von Ley erhofften Idealkandidaten aus den Ordensburgen hervorgegangen wären.

Neben der Schwierigkeit, dass sich das vorgesehene Auslese- und Schulungssystem nicht ad hoc in Gang setzen ließ, krankte die Ausbildung in den Ordensburgen an einer Reihe praktischer Unzulänglichkeiten. Ein detailliertes Schulungskonzept existierte anfangs nicht, und auch in der Folge wurden nur für einzelne Fächer Lehrpläne aufgestellt. Deren Umsetzung wiederum wurde durch einen Mangel an geeignetem Lehrpersonal erschwert. Statt der wissenschaftlichen Fachgrößen, die Ley für den Unterricht an den Ordensburgen in Aussicht gestellt hatte, lehrten dort überwiegend parteilinientreue Nachwuchsakademiker oder Gastdozenten, bei denen es sich vielfach um Parteifunktionäre ohne wissenschaftlichen Hintergrund handelte. Professioneller als die »geistige« Schulung gestaltete sich die körperliche Ertüchtigung in den Ordensburgen, für die zum großen Teil ausgebildete Sportlehrer die Verantwortung trugen. Dass Leys vollmundige Ankündigungen nur unzureichend umgesetzt wurden und der Schulungsalltag der Führeranwärter hauptsächlich aus Drill bestand, rief bald auch parteiinterne Kritiker auf den Plan. Sie erklärten das Ausbildungssystem der Ordensburgen für grundsätzlich reformbedürftig.

Von den vielfältigen Problemen des Schulungsbetriebs, zu denen auch eine sinkende Nachfrage nach den Ausbildungsplätzen und eine recht hohe Abbrecherquote der Lehrgangsteilnehmer zählten, drang jedoch kaum etwas an die Öffentlichkeit. Vielmehr unternahm die nationalsozialistische Propaganda große Anstrengungen, um die Ordensburgen als wegweisende Ausbildungsstätten für die künftige politische Elite Deutschlands zu inszenieren. In den Blick der Öffentlichkeit gerieten sie allerdings stärker durch die Nutzung der Anlagen für teilweise hochrangige Veranstaltungen unterschiedlicher Parteiorganisationen und durch die von hohem medialem Aufwand begleiteten Besuche prominenter Nationalsozialisten und ihrer ausländischen Gäste.

BURG UND ORDEN – TRADITIONSSUCHE IM MITTELALTER

Mit der Bezeichnung »Ordensburgen« für die Schulungsanlagen und der Kennzeichnung der Lehrgangsteilnehmer als »Ordensjunker«, die sich ab 1937 im parteiinternen Sprachgebrauch durchsetzte, wurde die Ausbildung des politischen Führungsnachwuchses der NSDAP in einen direkten Zusammenhang mit dem mittelalterlichen Ordensrittertum gebracht. In der Vogelsanger Bauplastik wurde dieser Zusammenhang auch durch die beiden Reiterfiguren an den Türmen des Eingangshofs der Anlage (Infopunkt 01) hergestellt: Das Relief am Westturm zeigt einen unbekleideten Fackelträger und greift die Bildsprache der Großfigur auf dem »Sonnwendplatz« (Infopunkt 12) auf, die als Leitbild der Lehrgangsteilnehmer diente. Die Reiterfigur am Ostturm stellt in Anlehnung an mittelalterliche Bilder einen mit Schild und Schwert bewaffneten Ritter dar. Noch deutlicher erscheint die Parallelisierung des Parteiführungsnachwuchses mit dem traditionellen Rittertum in einem Holzschnitt des in der NSDAP populären Illustrators Georg Sluyterman von Langeweyde. Er zeigt vor einem Panorama Vogelsangs einen jungen Mann in Parteiuniform zu Pferde hinter einem Ritter im Harnisch.

Wann und von wem die Idee aufkam, die Lehrgänge mit den mittelalterlichen Ritterorden in Verbindung zu bringen, lässt sich nicht nachvollziehen, sodass auch über die Motive dieser Assoziation nur spekuliert werden kann. Die Definition eines Ordens als eine abgeschlossene, durch Glaubensgleichklang ausgezeichnete Lebensgemeinschaft mit strenger Disziplin lässt sich durchaus auch auf manche Aspekte der Schulung des Führungsnachwuchses der NSDAP übertragen. Die elementaren Prägungen der christlichen Ordenstradition wurden dabei allerdings ausgeblendet; an ihre Stelle trat die nationalsozialistische Weltanschauung als Grundlage des Zu-

Antreten der Lehrgangsteilnehmer des ersten Kurzlehrgangs auf dem Appellplatz, 1936 ▶

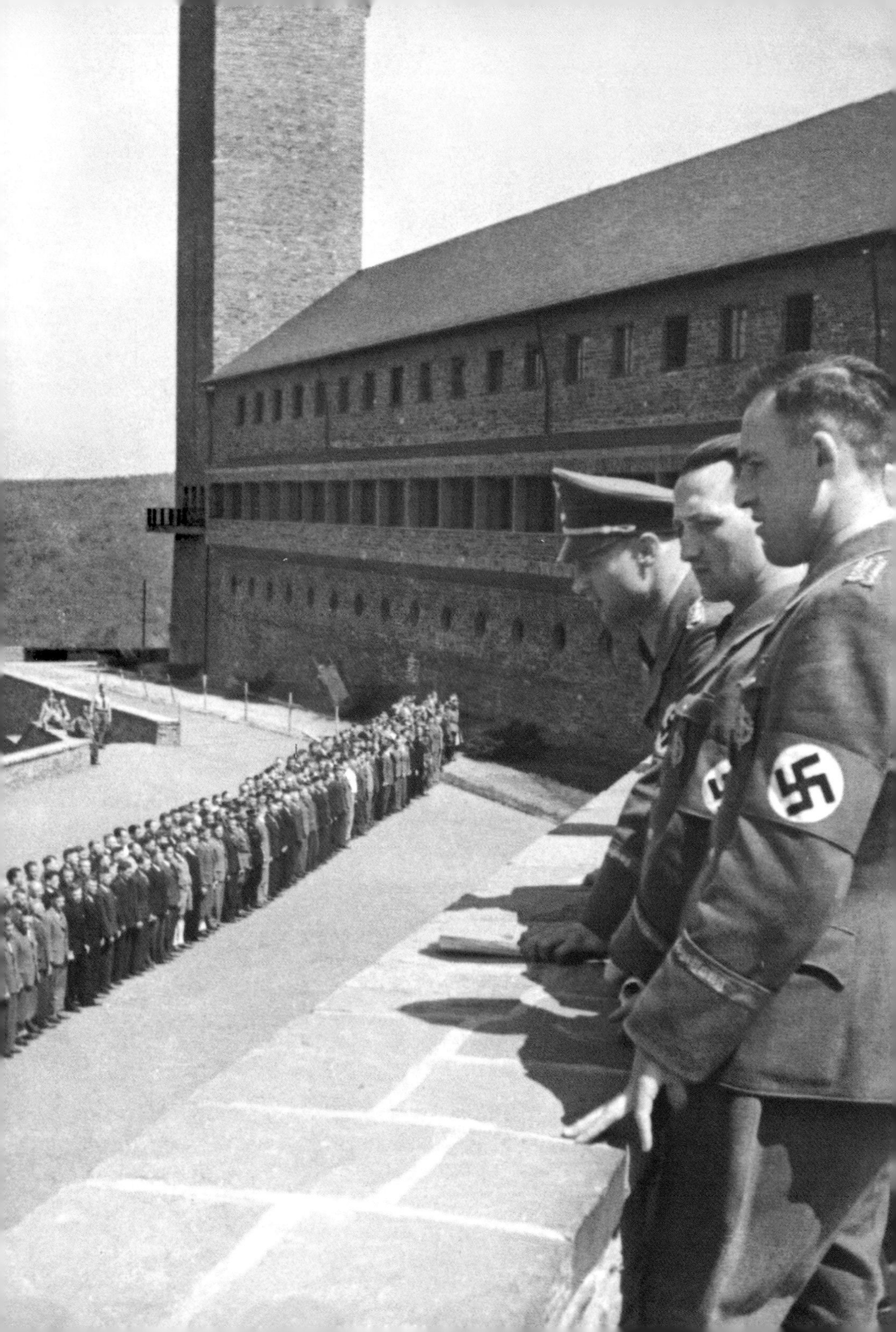

◄

Holzschnitt »Ordensritter und Ordensjunker zu Pferd« von Georg Sluyterman von Langeweyde

►

Willy Meller: Fackelträger-Relief am »Sonnwendplatz«

sammenhalts der Gemeinschaft. Auch bei den Zielen der Ordenstätigkeit gab es einen grundsätzlichen Bedeutungstausch: Ging es den historischen christlichen Ritterorden um die Sicherung des Zugangs von Pilgern ins Heilige Land oder um die Unterwerfung und Missionierung vermeintlich heidnischer Völker, so verfolgte der Zusammenschluss des Führungsnachwuchses seit 1936 rein weltliche Zwecke, nämlich die dauerhafte Sicherung des politischen Herrschaftsanspruchs der NSDAP.

Unter den historischen Vorbildern bevorzugten die Nationalsozialisten den Deutschen Orden, der am Ende des 12. Jahrhunderts während eines der Kreuzzüge ins Heilige Land gegründet worden war, aber seit der Mitte des 13. Jahrhunderts in Preußen und im Baltikum seinen Tätigkeitsschwerpunkt hatte. Die dort mit machtpolitischen Mitteln vorangetriebene Missionierung wurde später als ein wesentlicher Beitrag zu einer deutschen Kolonisierung Osteuropas gedeutet. Überhöht als Pionierorganisation der Ausbreitung des Deutschtums erschien der Deutsche Orden den Nationalsozialisten als ein historisches Leitbild. In der angeblichen Nachfolge dieser Organisation konnten die Lehrgangsteilnehmer zugleich auf die außenpolitischen Ziele des nationalsozialistischen Regimes eingeschworen werden, vor allem auf die Gewinnung neuen deutschen »Lebensraumes« in Osteuropa.

LEITBILDER UND IDEALE – POLITISCHE FÜHRER VON MORGEN

Der Figurenschmuck der Ordensburg Vogelsang stammt überwiegend von dem Bildhauer Willy Meller, der nach seiner künstlerischen Ausbildung in Köln und in München seit dem Ende des Ersten Weltkriegs als freier Künstler in Köln tätig war. Die Aufträge für die Arbeiten in Vogelsang und auch in Krössinsee verdankte Meller seiner engen Bekanntschaft mit dem Architekten Clemens Klotz. Er erwarb sich allerdings schon vor der Fertigstellung seiner Bildhauerarbeiten in den Ordensburgen größeres öffentliches Renommee durch die Anfertigung einer Großskulptur der Siegesgöttin für das Olympiagelände in Berlin.

In Vogelsang wurde ein künstlich angelegtes Plateau östlich der »Kameradschaftshäuser« geschaffen, das seiner Zweckbestimmung entsprechend als »Sonnwendplatz« (Infopunkt 12) bezeichnet wurde. Die Nationalsozialisten versuchten, Feiern zur Sommer- und Wintersonnenwende als vermeintliche germanische Traditionen wiederzubeleben und ihnen einen festen Platz im Jahresfestkalender zu geben. Der mit diesen Festen verbundenen Lichtsymbolik trug die Gestaltung des Vogelsanger »Sonnwendplatzes« doppelt Rechnung: durch die Gesamtanlage des dortigen Bauwerks als Feuermal, auf dem eine große Feuerschale montiert war, und durch die Relieffigur Mellers, die einen unbekleideten Heros als Fackelträger zeigt. Die Inschrift »Ihr seid die Fackelträger der Nation, ihr tragt das Licht des Geistes voran im Kampfe

◄

Robert Ley mit einem Anwärter für die Ordensburgschulung, Pressefoto 1936

►

Gruppe von Lehrgangsteilnehmern auf der Treppe im Hang vor ihrem »Kameradschaftshaus«

für Adolf Hitler« sollte die Lehrgangsteilnehmer in der Ordensburg an ihren Auftrag erinnern, die nationalsozialistische Ideologie nicht nur zu leben, sondern auch aktiv zu verbreiten.

Dieses Motto deckte sich weitgehend mit den Aufgaben, die den Lehrgangsteilnehmern zugeschrieben wurden. Ley hat die hohen Anforderungen an die Ordensjunker bei zahlreichen Gelegenheiten mit nur kleinen Variationen immer wieder vorgetragen: Um die nationalsozialistische Herrschaft überall im Volk durchsetzen und auf lange Dauer zu sichern, bedürfe es einer neuen Generation politischer Führer mit gleichermaßen ausgezeichneten körperlichen, charakterlichen und weltanschaulichen Qualitäten. Die Erfahrungen der ersten Generation der nationalsozialistischen Parteiführer, die sich quasi in Selbstauslese im Kampf mit dem politischen Gegner herausgeformt hätten, könne nicht wiederholt werden. Deshalb müsse der »neue Adel Deutschlands« systematisch rekrutiert und ausbildet werden.

Aufgabe der künftigen Elite sollte es indes nicht sein, neue politische Wege zu gehen. Vielmehr sollten ihre Mitglieder die bereits gefundenen politischen Wahrheiten in der Fixierung auf den Führer Adolf Hitler umso kräftiger befestigen. Mit den Ausgangsbedürfnissen für das Ausbildungsprogramm in den Ordensburgen, nämlich mit dem Schließen von Lücken in den unteren und mittleren Organisationseinheiten der NSDAP, war solche überbordende Rhetorik zwar nur schwer zu vereinbaren; auf das Selbstwertgefühl der Lehrgangsteilnehmer wirkte sie aber dennoch ein.

AUFSTIEGSVERSPRECHEN – DER TRAUM VOM BESSEREN LEBEN

Die Anordnung der Gebäude am Hang spiegelte die Ziele der Ausbildung wider. Unten befanden sich die Sportanlagen (Infopunkt 13) zur körperlichen Ertüchtigung der Lehrgangsteilnehmer, darüber die Gemeinschaftsunterkünfte (Infopunkt 11) als Sinnbild der Kameradschaft, die sie bilden sollten. Oben lagen der Hörsaal und die »Ehrenhalle« (Infopunkt 10) als Orte der Schulung und des politischen Kultes, die die angestrebte intellektuelle und emotional-ideologische Reifung symbolisierten. Diese Anordnung vermittelte den Lehrgangsteilnehmern, dass sie in Vogelsang aufsteigen sollten. Ley thematisierte den sozialen Aufstieg in seinen zahlreichen Ansprachen vor den Führeranwärtern: Wer sich in den Lehrgängen bewähre, könne darauf vertrauen, dass er ein dauerhaftes Auskommen in den Diensten der NSDAP finden werde.

Solche Aufstiegsversprechen dürften für den größten Teil der Bewerber ein wichtiges, wenn nicht gar das Hauptmotiv gewesen sein, sich um Aufnahme in die Ordensburgschulung zu bewerben. Dieser Schluss drängt sich jedenfalls auf, wenn man die soziale Herkunft, die Ausbildung und die beruflichen Vorerfahrungen der Ordensjunker in den Blick nimmt. Das Gros von ihnen entstammte einfachen Verhältnissen im kleinbürgerlichen oder bäuerlichen Milieu und hatte nach dem Volksschulabschluss eine handwerkliche oder kaufmännische Lehre absolviert. Die Anfänge ihrer beruflichen Karrieren wurden durch die Wirtschaftskrise der Jahre 1929 bis 1932 er-

◄
Angehörige aus unterschiedlichen Parteiorganisationen der NSDAP nahmen als Kandidaten an den Ausleseverfahren für die Ordensburglehrgänge teil. Der SA-Mann links schaffte es schließlich, angenommen zu werden.

►
Vortrag vor Lehrgangsteilnehmern und weiteren Gästen im Hörsaal von Vogelsang

schwert; viele Lehrgangsteilnehmer waren in dieser Zeit arbeitslos. Häufig waren sie bereits in dieser Krisenzeit der NSDAP beigetreten. Das Kriterium der langjährigen Parteimitgliedschaft wurde in der Auswahlpraxis sehr ernst genommen: Die Teilnehmer der Kurzlehrgänge von 1936 und 1937 waren fast ausnahmslos sogenannte Alte Kämpfer mit einem Beitrittsdatum in die NSDAP vor der Machtübernahme Anfang 1933. Erst unter den späteren Führeranwärtern findet sich häufiger ein späterer Parteibeitritt.

Die neue politische Elite nur in den höheren gesellschaftlichen Schichten zu suchen, hätte dem nationalsozialistischen Konzept einer »Volksgemeinschaft« widersprochen. Vielmehr sollte im Ausleseverfahren weder der sozialen Herkunft der Kandidaten noch ihren bisherigen Bildungswegen Bedeutung zugemessen werden. Hingegen fiel die »Charakterstärke« der Bewerber, das heißt ihre vorbehaltlose Bereitschaft zur Eingliederung in die Parteihierarchie, stark ins Gewicht. Dass sie in ihr über kurz oder lang weit nach oben aufsteigen würden, war die Hoffnung vieler Lehrgangsteilnehmer. Dies dürfte für beide Kategorien der Ordensjunker gleichermaßen gegolten haben: für die oft älteren Parteimitglieder der Kurzlehrgänge, die 1933 den Sprung auf lukrative Parteiposten verpasst hatten und nun eine zweite Chance witterten, und für die Teilnehmer der regulären Lehrgänge, die darauf vertrauten, dass sich das Ordensburgsystem trotz aller Anlaufschwierigkeiten bewähren werde.

WELTANSCHAULICHE PRÄGUNG – IDEOLOGIE IN UNTERRICHT UND ALLTAG

Auch wenn bei der Eröffnung der Ordensburgen 1936 die künftigen Ausbildungsinhalte noch weitgehend unklar waren, ergab sich aus dem Ausbildungszweck, dass der weltanschauliche Unterricht der Lehrgangsteilnehmer breiten Raum einnehmen würde. Ley charakterisierte in seinen Reden die Ordensburgabsolventen als »fanatische Prediger der nationalsozialistischen Weltanschauung«. In der Praxis zielte die Schulung aber eher darauf ab, Mitarbeiter der Kreis- und Gauleitungen der NSDAP, die auch politische Reden halten konnten, auszubilden.

Sofern die Lehrgangsteilnehmer nicht auf Reisen waren beziehungsweise sportliche oder militärische Sonderprogramme absolvierten, hörten sie vormittags Hauptvorträge von einem der Dozenten der Ordensburgen oder einem Gastreferenten. Die Inhalte dieser Vorträge wurden dann in Gruppenarbeit und idealerweise auch noch im Selbststudium wiederholt und vertieft. Die räumlichen Voraussetzungen für den weltanschaulichen Unterricht boten in Vogelsang ein großer Hörsaal (Infopunkt 10), der zentral im Hauptgebäude gelegen und auch durch eine direkte Verbindung zur »Ehrenhalle« hervorgehoben war, sowie eine großzügig dimensionierte und mit mehreren zehntausend Bänden ausgestattete Bibliothek (Infopunkt 07).

Weit weniger professionell war zunächst das Lehrangebot, das sich während der Kurzlehrgänge in Vogelsang aus Einzelvorträgen und kürzeren Vortragsreihen rasch wechselnder Gastredner zusammensetzte. Unter diesen befanden sich neben wissenschaftlich ausgebildeten Referenten auch Parteifunktionäre der NSDAP. Erst mit Beginn der regulären Lehrgänge ab 1937 bildeten sich allmählich festere Lehrpläne heraus, in denen die geistes- und sozialwissenschaftlichen Fächer dominierten: Geschichte, Kultur, Philosophie, Wirtschaft oder auch die nationalsozialistische Modedisziplin »Wehrwissenschaft«.

In Vogelsang kristallisierte sich, auch wegen der Interessen der zur Verfügung stehenden hauptamtlichen Dozenten, neben der Geschichte die »Rassenkunde« als prägendes Fach heraus: Den Lehrgangsteilnehmern wurden neben biologischen Grundkenntnissen der Vererbung auch die einschlägigen Theorien aus dem 19. Jahrhundert und die parteiamtlichen Stellungnahmen zu diesem Thema vermittelt. Die »Rassenkunde« diente somit vor allem dazu, die antisemitischen Maßnahmen des nationalsozialistischen Regimes zu rechtfertigen.

Eine ähnliche Funktion hatte der Geschichtsunterricht, der die Geschichte als eine Abfolge von Aufstieg und Verfall schilderte, in der die rassischen Gegensätze der zentrale Entwicklungsimpuls waren. In diese Kategorien wurde die Zeitgeschichte einbezogen, und die Machtübernahme von 1933 erhielt als »Beginn einer nationalen Wiedergeburt« eine Schlüsselfunktion. Neben der rückschauenden Legitimierung

◄
Lesesaal der Vogelsanger Bibliothek

►
Fahrt der Lehrgangsteilnehmer zur deutsch-polnischen Grenze im Rahmen des politischen Unterrichts

hatte der Geschichtsunterricht die Funktion, die künftige Politik der Nationalsozialisten ideologisch vorzubereiten. Wichtig hierbei war das Bild der Deutschen als eines »Volkes ohne Raum«, aus dem sich leicht ein Expansionsanspruch ableiten ließ.

DRILL UND UNIFORMIERUNG – EXERZIERPLATZ FÜR PARTEISOLDATEN

Das Ziel der Ausbildung war es nicht, die intellektuellen Fähigkeiten der Lehrgangsteilnehmer zu fördern, auch wenn die Infrastruktur der Ordensburg und manche Lehrformen den Eindruck erwecken konnten, es handele es sich um ein Studium. Vielmehr war die Schulung ganz darauf ausgelegt, Parteisoldaten und Verbreiter der nationalsozialistischen Propaganda heranzuziehen. Dementsprechend waren Unterricht und körperlicher Drill in der Ordensburgschulung eng miteinander verknüpft. Die Umrahmung des Unterrichts durch tägliches Exerzieren und Sport machte den Lehrgangsteilnehmern deutlich, dass die Lehrinhalte nicht als Angebote zur intellektuellen Auseinandersetzung zu verstehen waren. Sie sollten vielmehr nach den Prinzipien von Befehl und Gehorsam verinnerlicht werden.

Der militärische Drill war für die Lehrgangsteilnehmer ebenso eine prägende Alltagserfahrung wie das Antreten in geschlossener Formation auf dem Appellplatz an der Rückseite des Hauptgebäudes der Ordensburg. Neben dem täglichen Fahnenappell,

bei dem die Lehrgangsteilnehmer im Kollektiv auf die gemeinsamen Aufgaben eingeschworen wurden, nahmen die Ordensjunker dort auch Aufstellung, wenn hochrangige Gäste Vogelsang besuchten. Nicht nur bei solchen Gelegenheiten, sondern durchgehend traten die Lehrgangsteilnehmer uniformiert auf. Die Vorliebe für eigenständige Uniformen, die nahezu alle Unter- und Nebenorganisationen der NSDAP erfasste, schlug sich auch bei den Ordensjunkern nieder: Ihre Uniform lehnte sich an die Dienstkleidung der Politischen Leiter der NSDAP an. Besondere Kennzeichen waren eine goldfarbene Kordel an der Schirmmütze sowie ein Ärmelband mit dem Namen der jeweiligen Ordensburg. Neben diesem Dienstanzug gab es im Kleiderspind der Schulungsteilnehmer für unterschiedliche Anlässe weitere Uniformen. Sogar ein Festanzug für Opern- und Theaterbesuche war dabei.

Weitaus häufiger benutzt als der Fest- wurde allerdings der Drillichanzug fürs Marschieren und Exerzieren, der die Lehrgangsteilnehmer immer wieder daran erinnerte, dass sie sich als künftige Mitglieder einer politischen Elite auf Befehl und im Gleichschritt zu bewegen hatten. Als einen Widerspruch dürften die meisten von ihnen die Aufforderung, gleichzeitig führen und sich unterzuordnen zu sollen, nicht empfunden haben. Allerdings deutet die recht hohe Abbrecherquote von etwa 20 Prozent, die für einen der Vogelsanger Kurzlehrgänge bekannt ist, darauf hin, dass sich nicht allen Lehrgangsteilnehmern der Sinn des häufig schweißtreibenden Drills erschloss. Auch als 1939 parteiintern Kritik an dem System der Ordensburgschulung aufkam, wurde die übermäßige körperliche Beanspruchung der Lehrgangsteilnehmer angesprochen.

◄
Exerzierende Lehrgangsteilnehmer in Drillichanzügen auf einer Wiese bei Vogelsang

►
Adolf Hitler im offenen Auto auf dem Vorplatz des Adlerhofs bei einem seiner Tagungsbesuche

Als angemessenes Erziehungsmittel wurde der Drill allerdings nicht grundsätzlich in Frage gestellt, sondern im Gegenteil immer wieder gerechtfertigt, zum Beispiel in der Hauszeitschrift der Ordensburg Vogelsang mit den Worten: »Daß aber aus dem körperlichen Moment der Straffung und Disziplin auch ein seelisches geboren wird, beweist unsere Geschichte«.

PROMINENTE BESUCHER – BÜHNE FÜR PARTEI UND STAATSGÄSTE

Der Adlerhof der Ordensburg (Infopunkt 07) war der bevorzugte Platz, an dem sich die nationalsozialistische Prominenz, so auch Adolf Hitler im November 1936 und im April 1937, bei Besuchen in Vogelsang der Presse zeigte. Zur reichsweiten Bekanntheit Vogelsangs trugen solche Besuche mehr noch als die Lehrgänge für den Führungsnachwuchs bei. Die Besuchsanlässe waren die wiederholt in der Anlage abgehaltenen Tagungen des mittleren Funktionärskorps der NSDAP. Diese Tagungen dienten dazu, vor der Kulisse der Ordensburg die Geschlossenheit der Partei zu demonstrieren.

Andererseits wurden die Kreisleiter oder die Gauamtsleiter der NSDAP durch politische Vorträge auf die aktuellen Ziele des Regimes verpflichtet, wie sie zum Beispiel durch den Propagandaminister Joseph Goebbels oder durch den Reichsführer-SS Heinrich Himmler gehalten wurden. So spiegelten die Tagungsinhalte die Zentralas-

◄ Propagandaminister Joseph Goebbels am Rednerpult im Vogelsanger Hörsaal

pekte der nationalsozialistischen Politik der Vorkriegsjahre wider: die Diffamierung von Demokratie und Rechtsstaat, den wachsenden und zunehmend aggressiver werdenden Antisemitismus sowie die aus vermeintlicher rassischer Überlegenheit abgeleitete Kriegstreiberei.

Diese Tagungen in Vogelsang gewähren nicht nur Einblicke in das Innenleben des Funktionärskorps der NSDAP, sondern illustrieren auch die Herrschaftsmechanismen des Einparteienstaates. Er fasste unter dem Etikett des Aufbaus einer homogenen »Volksgemeinschaft« möglichst viele Menschen in gleichgeschalteten Organisationen zusammen. Mehrere solcher Organisationen nutzten die Ordensburg für interne Zusammenkünfte. Besonders trat dabei die Deutsche Arbeitsfront des Vogelsanger Hausherrn Ley hervor, deren Funktionäre in wechselnden Konstellationen dort tagten.

Auch bei Tagungen anderer Organisationen in der Ordensburg war Ley präsent. Im Herbst 1937 begrüßte er 500 Ärzte, die vom »Hauptamt für Volksgesundheit« zu einem Lehrgang nach Vogelsang berufen worden waren. So banal manche dieser Veranstaltungen gewirkt haben mögen, hatten sie doch fast immer politische Implikationen; im Falle der Mediziner durch die Einschleifung rassistischer Wahrnehmungsmuster.

Die NSDAP nutzte die Ordensburg als Bühne zur Inszenierung der nationalsozialistischen Herrschaft auch für die Außendarstellung des Regimes. So waren mehrfach Repräsentanten auswärtiger Mächte in Vogelsang zu Gast. Allerdings beschränkte

◄ Besuch des italienischen Korporationsministers Ferruccio Lantini in Vogelsang; links Robert Ley

sich deren Auswahl auf den recht kleinen Kreis ebenfalls autoritär regierter Staaten, mit denen das »Dritte Reich« gute Beziehungen unterhielt: Italien, vertreten durch den faschistischen Gewerkschaftsführer Tullio Cianetti und den Korporationsminister Ferruccio Lantini; Rumänien, vertreten durch den Arbeitsminister Mihail Ralea; oder Japan, vertreten durch seinen Botschafter Hiroshi Ōshima. Der Ablauf solcher Besuche folgte einem festen Schema: Anfahrt mit dem Auto aus Gemünd, Begrüßung durch die SS-Ehrenwache nach der Durchfahrt des Tores, Empfang durch den Burgkommandanten, Abschreiten der angetretenen Ordensjunker, Ansprachen im Hörsaal und Besichtigung der Anlage.

DER GEIST DER KAMERADSCHAFT – GEMEINSCHAFTSERLEBEN UND GESELLIGKEIT

Die Ordensburg war ein weitgehend geschlossener Mikrokosmos, der den Lehrgangsteilnehmern neben Unterricht, Sport und Drill einerseits eine Reihe von Annehmlichkeiten bot. So gab es keine existenziellen materiellen Sorgen, und der stattliche Versorgungsapparat der Ordensburg bot Entlastung von einigen elementaren Alltagsverrichtungen. Andererseits kam der Aufenthalt einer Kasernierung gleich, da die Abgeschiedenheit des Ortes die Möglichkeiten der Freizeitgestaltung stark einschränkte und die meisten Lehrgangsteilnehmer lange Zeit von ihren Familien getrennt wurden.

◄
Lehrgangsteilnehmer beim sommerlichen Badevergnügen am Urftsee

►
Schlafkoje für zwei Lehrgangsteilnehmer in einem »Kameradschaftshaus«

Die Burgleitung, die der Kameradschaftsbildung größere Bedeutung zumaß als möglicherweise vorhandenen individuellen Bedürfnissen, versuchte diesem Umstand Rechnung zu tragen. Sie organisierte Ausflüge oder Veranstaltungen wie Filmabende vor Ort, Fahrten zu Autorennen am Nürburgring, den Besuch von Theatern und Konzerten oder als lukrative Ausnahme auch eine Gruppenreise zu einer Sportveranstaltung im Ausland. Nichtsdestotrotz blieben die Lehrgangsteilnehmer bei der Gestaltung der grundsätzlich dienstfreien Wochenenden auf sich selbst gestellt. Optionen auf dem Gelände und in der näheren Umgebung waren Spaziergänge oder Badevergnügen am See.

Schließlich erhielten die verheirateten Lehrgangsteilnehmer auch die Gelegenheit, an den Wochenenden entweder selbst ihre Familien zu besuchen oder ihre Gattinnen in der Ordensburg zu empfangen. Raum für die alltägliche Freizeitgestaltung bot auch die mit einer Kegelbahn ausgestattete »Burgschänke« (Infopunkt 05), die von Gastronomieunternehmern als Pächter betrieben wurde. Ihre Einnahmen erzielten diese allerdings nur zum geringeren Teil aus der Nutzung durch die Ordensburgangehörigen; vielmehr war die »Burgschänke« auch ein beliebtes Ausflugslokal.

Abgesehen von den sporadischen Kontakten mit Familiengehörigen und touristischen Besuchern der Anlage blieben die Lehrgangsteilnehmer in der Ordensburg unter sich. Die Reaktionen auf den Gruppendruck, der sich daraus ergab, waren unterschiedlich. Die für einen der Kurzlehrgänge in Vogelsang dokumentierte Abbrecherquote von 20 Prozent mag auch ein Indiz dafür sein, dass etliche Lehrgangsteilnehmer von

einem Lagerkoller geplagt wurden. Zumindest in einem Fall scheinen die Lebensumstände in der Ordensburg als unerträglich empfunden worden zu sein: dem Selbstmord eines Ordensjunkers in Vogelsang im Sommer 1939, dessen nähere Umstände allerdings im Dunkeln liegen.

Für den weit überwiegenden Teil der Lehrgangsteilnehmer sind jedoch deutlich positive Reaktionen auf das enge Zusammenleben in der Abgeschiedenheit der Eifel festzustellen. Offenkundig begünstigten die sehr ähnlichen sozialen und politischen Erfahrungen, mit denen die Kandidaten in die Ordensburgen eintraten, die Ausprägung eines starken Gemeinschaftsgefühls. Wohl eher wegen als trotz der strengen Reglementierung des Alltags und der Beschränkung der Möglichkeiten der Freizeitgestaltung verstanden sich die Ordensjunker als Kameraden. Für viele derer, die den Krieg überlebten, überdauerte diese Kameradschaft den Ordensburgaufenthalt um Jahrzehnte.

LEBEN IN DER ORDENSBURG – ZWISCHEN KASERNE UND HOTEL

Die innere Ordnung der Ordensburg und der Tagesablauf der Lehrgangsteilnehmer entsprachen in vielen Punkten militärischen Vorbildern. Die Ordensjunker waren in Kameradschaften und Hundertschaften eingeteilt, denen quasi als Unteroffiziere Führer aus dem Stammpersonal der Ordensburg zugeordnet waren. Die Zugehörigkeit

zu diesen Kameradschaften schlug sich auch in der Sitzordnung bei den Mahlzeiten oder in den sportlichen Wettkämpfen nieder, die während der Schulung ausgetragen wurden. Recht streng reglementiert war der Tagesablauf: Wecken, Frühsport, Appell, Unterricht, Drill oder Sport und Nachbereitung der Vorträge.

Auch die Unterkünfte waren kasernenartig, aber doch vergleichsweise bequem ausgestattet. Die Ordensjunker wohnten in zweigeschossigen »Kameradschaftshäusern« (Infopunkt 11), deren halboffen gestaltete kleine Schlafräume in den Obergeschossen für je zwei Männer jedoch kaum private Rückzugsmöglichkeiten boten. In den Erdgeschossen befanden sich neben den sanitären Anlagen auch Aufenthalts- und Studienräume. Privilegierte Verhältnisse genossen der Burgkommandant und einige der Stammführer, die eigene Wohnungen im Hauptgebäude am Adlerhof (Infopunkt 07) beziehungsweise in den Orten der Umgebung hatten.

Einen markanten Unterschied zu den üblichen militärischen Verhältnissen bot die Verpflegung in den Ordensburgen, was insbesondere jene Lehrgangsteilnehmer positiv bemerkten, die bereits ihren Wehrdienst abgeleistet hatten. Ihre Mahlzeiten nahmen die Ordensjunker im Speisesaal des Hauptgebäudes (Infopunkt 07) ein, zumeist ohne den Burgkommandanten, der nur bei besonderen Anlässen mit ihnen speiste. Alltäglich war hingegen, dass die Mahlzeiten von dienstbarem Personal aufgetragen

◄
Rauchende Lehrgangsteilnehmer in ihrer Freizeit auf dem Turm von Vogelsang

►
Exkursion der Lehrgangsteilnehmer im Rahmen des Geschichtsunterrichts zu den Externsteinen im Teutoburger Wald

wurden, und auch die Qualität der Speisen scheint das den meisten Lehrgangsteilnehmern zuvor vertraute Niveau übertroffen zu haben. Generell dürften die meisten Ordensjunker es als Privileg empfunden haben, sich um Alltagspflichten wie die Kleiderpflege oder die Sauberhaltung der Unterkünfte nicht selbst kümmern zu müssen, sondern sich hierbei auf das Servicepersonal verlassen zu können.

Den gelegentlichen Klagen über die Eintönigkeit des Alltags, wie sie sich in den Briefen der Lehrgangsteilnehmer aus den Ordensburgen und in ihren rückschauenden Betrachtungen finden, dürfte kein übergroßes Gewicht beizumessen sein. So wurden die abgeschiedenen Anlagen während der Lehrgänge regelmäßig verlassen, denn Ausflüge zu Bildungszwecken waren fester Bestandteil des Schulungsprogramms. Sie führten die Ordensjunker zu historischen Stätten, darunter vorzugsweise Orte, an denen sich vermeintlich Kulturleistungen der Germanen studieren ließen, zu Industriebetrieben der Region oder gelegentlich auch ins Ausland, wie zum Beispiel nach Belgien, wo die Lehrgangsteilnehmer Erinnerungsorte des Ersten Weltkriegs aufsuchten. Während sie bei dieser Belgienreise aus politischen Rücksichten in Zivil auftraten, nutzten die Ordensjunker sonst ihre Reisen dazu, sich in geschlossener Formation und uniformiert der Öffentlichkeit als künftige Parteielite zu präsentieren.

ARBEITSPLATZ ORDENSBURG – DIENSTLEISTUNGSBETRIEB UND WIRTSCHAFTSFAKTOR

Um den Unterhalt der Anlage und den Schulungsbetrieb zu gewährleisten, bedurfte es einer großen Zahl von Zivilangestellten. Diese waren indes in der öffentlichen Wahrnehmung der Ordensburg kaum präsent und arbeiteten weitgehend hinter den Kulissen. Neben der Hierarchie des Schulungsbetriebs von Burgkommandant, Stammführern, Lehrpersonal und Lehrgangsteilnehmern existierte eine eigenständige Verwaltung der Ordensburg, an deren Spitze, formell dem Burgkommandanten untergeordnet, der Burgintendant stand. Seine Aufgabe war es, die verschiedenen Arbeitsbereiche der Verwaltung zu koordinieren.

Ein aus dem Nachlass des ersten Vogelsanger Burgintendanten überlieferter Organisationsplan führt 26 solcher Arbeitsbereiche auf: Verwaltungseinheiten im engeren Sinne wie Registratur, Buchhaltung oder Gehaltsabteilung, technische Aufgabenfelder wie Stromversorgung, Kraftfahrzeuge oder Bauleitung, für Kost und Logis zuständige Bereiche wie Einkauf, Küche und Hausverwaltung, und auch weitere Ressorts wie die Försterei und das »Revier«, dem ein Arzt, ein Zahnarzt und zwei Sanitäter zugeordnet waren. Direkt mit dem Lehrgangsbetrieb verbunden waren die Bibliothek und der Reitstall, deren Verwaltung ebenfalls in die Zuständigkeit der Intendantur fiel.

◄
Vorbereitung der Portionsteller durch das Personal der Großküche

►
Das Vogelsanger Musikkorps als Burgorchester in sinfonischer Besetzung auf der Freilichtbühne beim Burgfest 1939; am Rednerpult Robert Ley

Über die Zivilangestellten der Ordensburg ist sehr wenig bekannt. Unter ihnen gab es beträchtliche Statusunterschiede, zum Beispiel zwischen dem Burgarzt, der in den Kriegsjahren ein Krankenhaus in Vogelsang aufbaute, und einem Büroanlernling, der in der Ordensburg einen Ausbildungsplatz fand, oder auch einer Mitarbeiterin in der Wäscherei. Für die große Mehrzahl der Zivilangestellten galt, dass sich ihr Aufenthalt auf die Verwaltungs- und Wirtschaftsgebäude der Anlage beschränkte und sie nur im Rahmen ihrer dienstlichen Aufgaben mit den Lehrgangsteilnehmern in Kontakt traten. Eine Ausnahme bildeten die etwa vier Dutzend angestellten Vogelsanger Musiker, die dem Burgorchester angehörten, das von einem der Kameradschaftsführer geleitet wurde. Ihre Dienstpflichten, die musikalische Begleitung von Aufmärschen, Feiern und anderen Veranstaltungen, die in der Ordensburg abgehalten wurden, brachten sie zwangsläufig in engeren Kontakt zu den Ordensjunkern, der auch dadurch gefördert wurde, dass sie zeitweilig an der weltanschaulichen Schulung teilnahmen.

Der beträchtliche personelle Aufwand, der für den Unterhalt der Anlage und die Versorgung der Lehrgangsteilnehmer betrieben werden musste, hatte zur Folge, dass die Ordensburg zu einem wichtigen Arbeitgeber in der engeren Umgebung wurde. Nicht nur der Bau, sondern auch der Betrieb der Ordensburg war damit ein Instrument der regionalen Wirtschaftsförderung. Die Vogelsanger Zivilverwaltung überdauerte die Ausbildung der Ordensjunker um mehrere Jahre: Zwar blieb nach dem Kriegsbeginn ein Personalabbau nicht aus, bis sich 1942 mit der Ankunft der Adolf-Hitler-Schü-

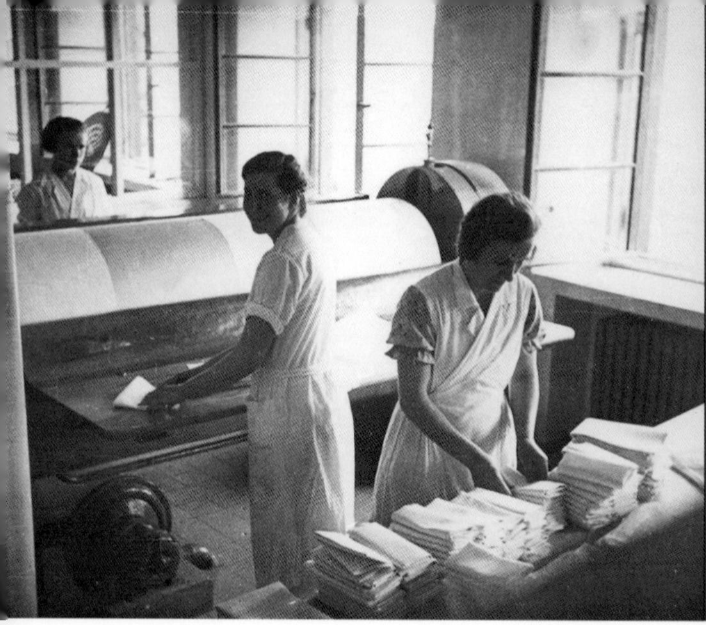

◄
In vielen Arbeitsbereichen der Ordensburg waren überwiegend Frauen beschäftigt, wie hier in der Büglerei.

ler der Versorgungsbedarf wieder erhöhte. Nun wurden auch Zwangsarbeiterinnen und Zwangsarbeiter aus dem Osten eingesetzt. Geschlossen wurde die Dienststelle Vogelsang im Herbst 1944.

KÜCHENHILFEN UND ORDENSJUNKER-BRÄUTE – FRAUEN AN EINEM MÄNNERORT

Die Ordensburg, in der nach der Vorstellung von Ley »ganze Kerle« zu künftigen Parteiführern ausgebildet werden sollten, war in der Wahrnehmung der Öffentlichkeit ein reiner Männerort. In der Bildpropaganda um die politische Nachwuchsführerschulung spielten Frauen so gut wie keine Rolle, und in der Vogelsanger Bauplastik finden sich ausschließlich Darstellungen idealisierter Männerkörper.

Das Alltagsleben in der Ordensburg bot jedoch ein anderes Bild. Unter den Zivilbeschäftigten in Vogelsang waren zahlreiche Frauen, ohne die der Betrieb nicht funktioniert hätte. Frauen arbeiteten in der Küche, im Service, in der Büglerei, in der Wäscherei, in der Näherei und in kleinerer Zahl auch außerhalb dieses hauswirtschaftlichen Bereichs in anderen Abteilungen der Intendantur. Ein Teil der weiblichen Zivilbeschäftigten, unverheiratete Frauen, die nicht aus der näheren Umgebung stammten, wohnte auch in der Anlage: in hölzernen Behelfsbauten und zeitweise in

◀
Betriebssportgruppe
des weiblichen Personals
auf dem Sportplatz

dem »Haus für weibliche Angestellte«, dem späteren Krankenhaus (Infopunkt 08). Bei ihnen mochten ähnliche Formen der Gemeinschaftsbildung wirken wie bei den Lehrgangsteilnehmern. Eine weibliche Betriebssportgruppe oder eine Ortsgruppe des Bundes Deutscher Mädel sollten den Zusammenhalt der in Vogelsang beschäftigten Frauen fördern.

Eine indirekte Verbindung zur Ordensburg hatten die Frauen der Lehrgangsteilnehmer, die gelegentlich an den Wochenenden ihre Gatten in Vogelsang besuchten. Dem idealen Anforderungsprofil zufolge sollten die Kandidaten für die Ordensburgschulung bereits verheiratet sein. In der Praxis wurden aber viele Unverheiratete in die Lehrgänge aufgenommen, die allerdings angehalten waren, möglichst rasch in den Ehestand zu treten.

Um die Eheschließungen in der Ordensburg angemessen zu feiern, wurde ein eigenes Zeremoniell entwickelt, in dem nationalsozialistische Symbole christliche Hochzeitsriten ersetzten. Solche »Eheweihen« fanden in Vogelsang des Öfteren statt, auch für mehrere Brautpaare gemeinsam. Nach der standesamtlichen Trauung traten die Brautpaare in die »Ehrenhalle« (Infopunkt 10) vor die den »Neuen Menschen« symbolisierende Holzfigur, um dort ihre Treue zur nationalsozialistischen Ideologie zu bekräftigen. Mit der Verpflichtung, diese an die Nachkommen weiterzugeben, wurde auch den Frauen eine politische Aufgabe zugeschrieben.

Um die Quote der ledigen Lehrgangsteilnehmer zu senken, spielte Ley mit dem Gedanken, ein großes Hotel in der Nähe der Ordensburg anzulegen, das die der Deutschen Arbeitsfront zugeordnete Freizeitorganisation Kraft durch Freude unterhalten sollte. Gruppeneinquartierungen von nationalsozialistischen Frauenorganisationen würden, so Leys Überlegung, den Ordensjunkern die Eheanbahnung erleichtern. Dies blieb jedoch ein bloßer Plan, ebenso wie der in Aussicht genommene Bildschmuck für die kriegsbedingt nicht realisierten großen Erweiterungsbauten in Vogelsang, der auch einzelne weibliche Körperbilder vorsah.

VON DER GROSSBAUSTELLE ZUR ATTRAKTION – TOURISTENMAGNET IN DER NORDEIFEL

Wer als Besucher den Weg zu der abgeschiedenen Ordensburg Vogelsang fand, kam ohne vorherige Genehmigung nicht in die Bereiche der Anlage, die normalerweise dem Stammpersonal, den Lehrgangsteilnehmern und den Zivilangestellten zugänglich waren. Bewacht wurde die Ordensburg von SS-Mannschaften, die in einem mehrmonatlichen Wechsel nach Vogelsang abkommandiert wurden. Auch wenn die SS dort lediglich eine Ehrenwache hielt, wie sie bei vielen nationalsozialistischen Repräsentationsbauten üblich war, verstärkte insbesondere ihre Präsenz den Eindruck der Abschottung der Ordensburg. Zusammen mit deren Abgeschiedenheit dürfte dies

◄
Gemeinschaftstrauungen von Lehrgangsteilnehmern und ihren Bräuten kamen häufiger vor.

►
Touristische Besuchergruppen wurden, wenn möglich, von Lehrgangsteilnehmern über das Gelände von Vogelsang geführt.

die Entstehung von Gerüchten begünstigt haben, die teilweise bis in die Nachkriegszeit hinein rankten: über die außergewöhnlichen Fähigkeiten, die sich die Ordensjunker aneigneten, geheime Schätze in unterirdischen Bunkern oder auch die Legende, dass in Vogelsang wie in den Lebensborn-Heimen der SS besonders »rassereine« Kinder herangezüchtet würden.

Trotz der demonstrativen Abgeschlossenheit der Ordensburg war sie in der Praxis für Besucher recht gut zugänglich; die »Burgschänke« (Infopunkt 05) für ihre Gäste permanent, die übrigen Bereiche nur nach voriger Anmeldung der Interessenten und mit Genehmigung des Burgkommandanten. Das Interesse war offensichtlich groß, denn es sind zahlreiche Fotos und schriftliche Zeugnisse überliefert, die die Anwesenheit von Besuchern in Vogelsang belegen, die offenkundig keine persönliche Beziehung zu den Lehrgangsteilnehmern hatten, sondern die Anlage als Touristen besichtigen wollten. Ihre Neugierde darauf ist vermutlich weniger durch die häufige Parteiberichterstattung über die Lehrgänge geweckt worden, sondern durch die Aufnahme der Ordensburgen in auflagenstarke Publikationen, in denen die Wahrzeichen des neuen Bauens im Nationalsozialismus vorgestellt wurden. Neben Individualbesuchern kamen in größerer Zahl auch Gruppen nach Vogelsang: Parteiformationen wie eine norddeutsche Hitlerjugend-Gruppe, die während einer Fahrradtour im Sommer 1938 in Vogelsang Station machte, oder auch Schulklassen wie eine Untersekunda aus Hessen, die im Frühjahr 1937 die Anlage besuchte.

Gezielt beworben wurde die Ordensburg durch die Tourismusbranche in der näheren und weiteren Region. Eine Informationstafel in Schleiden teilte die Besuchsmodalitäten mit, und ein Aachener Reisebusunternehmen bot Fahrten nach Vogelsang an mit dem Hinweis, dass die Führungen dort in der Regel von Ordensjunkern übernommen würden. Auch sonst geschah in der Ordensburg selbst einiges, um die Werbung zu unterstützen. So wurden zum Beispiel die überall in der Region erhältlichen Postkarten mit Ansichten der Ordensburg, zum Teil in aufwändigen Leporellos zusammengestellt, auch in der »Burgschänke« verkauft, die einen Großteil ihres Umsatzes den Besuchern verdankte. Die durch den Tourismus wachsende Bekanntheit von Vogelsang strahlte auch auf die Umgebung aus: Die Ordensburg wurde zu einem prägenden Bildsymbol für die Nordwesteifel.

DAS IDEAL DES HERRENMENSCHEN – KÖRPERBILDER UND ATHLETEN

In der nationalsozialistischen Propaganda besaßen der männliche Körper und seine Formung durch den Sport einen hohen Stellenwert. Körperliche Gesundheit und Stärke galten als Voraussetzung für den militärischen Wiederaufstieg des nach dem Ersten Weltkrieg geschwächten Landes. Zudem konnten sie die vermeintliche rassische Überlegenheit des eigenen Volkes in prägnanten Formen bildlich zum Ausdruck

◄
Speiseraum der »Burgschänke«, geschmückt zum 1. Mai

►
Ein Adolf-Hitler-Schüler mit seinem Vater vor Willy Mellers Sportler-Relief

bringen. Dem trug die Schulung in der Ordensburg Rechnung: Der Sport als Wehrertüchtigung sollte die Lehrgangsteilnehmer auf ihre Funktion als Parteisoldaten vorbereiten. Zugleich bot er die Möglichkeit, sie durch die Inszenierung ihrer Körper zu Symbolen der nationalsozialistischen Herrschaft zu erheben.

Der Favorit unter den im Nationalsozialismus durch verschiedene Medien verbreiteten Körperbildern war der Athlet, der mit seiner muskulösen Erscheinung Stärke, Stolz und rassische Überlegenheit des Herrenmenschen symbolisieren sollte. Popularität erlangte dieses Körperbild auch durch die bildende Kunst der Zeit, zum Beispiel durch die Arbeiten des Bildhauers Arno Breker, der sich stilistisch an Vorbildern der klassischen Antike orientierte. Dies tat auch der für die Vogelsanger Bauplastik verantwortliche Kölner Bildhauer Willy Meller. Von ihm stammt das Relief am Sportplatz (Infopunkt 13), das sieben Männer in der Ausübung verschiedener Sportarten darstellt. Ein Parallelstück zum Sportlerrelief befindet sich im Vogelsanger Schwimmbad mit dem von Ernst Zoberbier gestalteten Mosaik dreier nackter Athleten.

Der hohe Stellenwert des Sports im Schulungssystem zeigte sich in den Dimensionen und der Ausstattung der Sportanlagen, aber auch in der Qualifikation der Sportlehrer. Die meisten konnten eine einschlägige Ausbildung, etwa an einer Sporthochschule, vorweisen oder aber persönliche Meriten als Sportler. Zu letzteren zählte der frühere Boxeuropameister Hein Müller, der nach dem Ende seiner Profikarriere die Vogelsanger Lehrgangsteilnehmer in den Boxsport einführte.

Im Tagesablauf der Lehrgangsteilnehmer nahm der Sport einen sehr breiten Raum ein. Eine militärische Ausrichtung hatten Geländeläufe mit Marschgepäck, über Hindernisparcours sowie Schießübungen. Bei im Kollektiv bestrittenen Körperertüchtigungen wurde die Sportanlage zum Exerzierplatz, und sowohl Boxen als auch Fechten förderten die Kampffähigkeit. Im Übrigen mussten sich die Lehrgangsteilnehmer im Schwimmen ebenso bewähren wie im Turnen und in der Leichtathletik.

Den elitären Charakter der Ausbildung dagegen unterstrichen der Fecht- und der Reitunterricht, den die Lehrgangsteilnehmer erhielten. Hinzu kamen einige Mannschaftssportarten, in denen sie nach ihren Kameradschaften geordnet gegeneinander antraten. Das Sportprogramm übte Druck auf die einzelnen Lehrgangsteilnehmer aus, die auf unterschiedlichen Feldern ihre Leistungsfähigkeit beweisen mussten. Interne Wettkämpfe förderten dies noch und machten sichtbar, wie sich der Einzelne dem Ideal kerngesunder und athletischer Körper bereits angenähert hatte.

◄
Fechtübung auf dem Vogelsanger Sportplatz; Foto aus dem Privatalbum des Lehrgangsteilnehmers im Vordergrund

►
Feier zum »Tag der Machtergreifung« am Abend des 30. Januar 1939 auf dem Appellplatz in Vogelsang

FEUERKULT UND TOTE HELDEN – POLITISCHE FEIERN IM JAHRESKREIS

Die Nationalsozialisten setzten politische Feiern als ein besonderes Mittel zur Werbung für ihre politischen Ziele und damit zur Herrschaftssicherung ein. Diese wurden ab 1933 in erheblicher Zahl und mit großem Aufwand begangen. Dabei handelte es sich zum einen um Veranstaltungen, die einen direkten Bezug zur eigenen Parteigeschichte hatten, die auf diese Weise aufgewertet werden sollte. Zum anderen ging es um die Übernahme und Umdeutung traditioneller oder vermeintlich traditioneller Festanlässe wie zum Beispiel des Maifeiertags der sozialistischen Arbeiterbewegung oder der dem germanischen Brauchtum zugeschriebenen Sonnwendfeiern. Ihrem Leitbild als künftige Parteiführer entsprechend wurden Lehrgangsteilnehmer der Ordensburgen in diese politische Festkultur eng eingebunden. So verging in Vogelsang keiner der neuen Festanlässe ohne feierliche Zusammenkünfte der Ordensjunker.

Auf dem Außengelände der Ordensburg boten sich mehrere Plätze hierfür an: der Appellplatz, der »Sonnwendplatz« (Infopunkt 12) oder die zentral über den Sportanlagen zwischen den »Kameradschaftshäusern« gelegene »Thingstätte« (Infopunkt 14), deren tribünenartig am Hang angebrachte Sitzbänke ungefähr 800 Zuschauern Platz boten. Wie an anderen Orten, an denen seit 1933 »Thingstätten« gebaut wurden, um kultische nationalsozialistische Freilichtspiele aufzuführen, wurde auch die 1936 fertiggestellte Vogelsanger »Thingstätte«, da die Begeisterung für dieses Vorhaben

◄
Fahnenappell mit Feierstunde für die »Märtyrer der Bewegung« am 9. November 1938 im Hörsaal

rasch abgeebbt war, nicht entsprechend ihrem Ursprungszweck genutzt. Sie diente vielmehr als Freilichtbühne für verschiedene Arten von Veranstaltungen, beispielsweise für die Maifeiern, die seit 1933 nicht mehr dem Kampf für Arbeiterrechte dienten, sondern der Inszenierung einer neuen, nationalsozialistischen »Volksgemeinschaft«.

Ein Höhepunkt im politischen Festkalender der Ordensjunker war der Jahrestag der nationalsozialistischen Machtübernahme vom 30. Januar 1933, der in Vogelsang jeweils mit einem Abendappell mit Fackeln begangen wurde. Außerdem wurde der »Tag der Bewegung« am 9. November herausgehoben gefeiert, der der Erinnerung an den gescheiterten Hitler-Ludendorff-Putsch in München im Jahre 1923 diente. Er hatte für die Ordensjunker eine besondere Bedeutung, da ihnen die 16 damals in Kämpfen mit der Polizei getöteten Putschisten während ihrer Ausbildung immer wieder als Vorbilder vor Augen geführt wurden. So schmückten die Namen dieser »Märtyrer der Bewegung« die Wand in der Vogelsanger »Ehrenhalle«, an der als Holzfigur das Idol des »Neuen Menschen« angebracht war.

Im Vorraum der »Ehrenhalle« erinnerte ein Schriftzug an Horst Wessel, einen 1930 in Auseinandersetzung mit Mitgliedern des kommunistischen Rotfrontkämpferbunds ums Leben gekommenen SA-Sturmführer. Auch zu seinem Todestag, dem 23. Februar, fanden in Vogelsang Gedenkveranstaltungen statt, die den Lehrgangsteilnehmern die vermeintliche Tugend der unbedingten Opferbereitschaft für die Ziele der Partei vor Augen führen sollten.

◄ Statue des »Deutschen Menschen« in der »Ehrenhalle«, gestaltet mit Versatzstücken einer christlichen Kapelle wie Buntglasfenstern und »ewigem Licht«

DER »NEUE MENSCH« – HEILSVERSPRECHEN UND PSEUDORELIGIÖSE RITEN

Die von der NSDAP schon vor der Machtübernahme gepflegte Führerverehrung und festliche Selbstinszenierung der Partei wuchs seit 1933 zu einem politischen Kult an. Dieser griff auf alle Gesellschaftsbereiche aus und trug Züge einer Ersatzreligion. Neben dem Zentralpunkt des politischen Kultes, dem Nürnberger Reichsparteitagsgelände, entstanden an vielen Orten Kultbühnen als Neubauten. In Vogelsang war der politische Kult hoch konzentriert. Eine herausgehobene Stellung im Gesamtensemble der Ordensburg hatte dabei die im Turm des »Gemeinschaftshauses« eingerichtete, an den Hörsaal grenzende »Ehrenhalle« (Infopunkt 10).

Ihren Mittelpunkt bildete die von Willy Meller geschaffene überlebensgroße Plastik eines nackten Heros, die als Leitbild für die Lehrgangsteilnehmer den »Neuen Menschen« symbolisierte. In der in Anlehnung an Kirchenräume gestalteten »Ehrenhalle« erschien sie als Ersatz eines Altarbildes. Unübersehbar war die politische Inszenierung des Raumes auch in dem großen Hakenkreuzmosaik im Fußboden. Dass es die christliche Kreuzsymbolik ersetzen sollte, dürfte sich den Besuchern des Raumes leicht erschlossen haben.

◄
Totenfeier für den während des Dienstes verstorbenen Burgintendanten im Hörsaal, 1938

►
Angehörige der Ordensburgen mit ihren Omnibussen im Einsatz bei der Umsiedlung von baltischen »Volksdeutschen« in das annektierte Polen, 1939

Der politische Kult des Nationalsozialismus beschränkte sich nicht darauf, im Jahreslauf neue Gedenktage zu verankern und andere regelmäßig wiederkehrende Feiern umzuwidmen. Zusätzlich wurden auch für individuelle Feiern, die bislang christlich geprägt waren, neue Formen gesucht. Unter den so entstandenen »Lebensfeiern«, die die christliche Taufe, Hochzeit und Beerdigung ersetzen sollten, standen in der Ordensburg die »Eheweihen« im Mittelpunkt. Da die Lehrgangsteilnehmer junge Männer im heiratsfähigen Alter waren, wurde von ihnen erwartet, möglichst bereits während der Schulung zu heiraten. Der Ablauf der »Eheweihen« knüpfte an traditionelle Zeremonien an, sollte sie durch Umgestaltung und politische Aneignung aber ganz ihres christlichen Charakters entkleiden.

Je mehr die Bedeutung des politischen Kultes wuchs, desto dringlicher stellte sich für die NSDAP die Frage, ob die Parteimitgliedschaft die gleichzeitige Zugehörigkeit zu einer Kirche erlaube. Auch wenn nie ein entsprechendes Verbot erging, wurde doch auf die Mitglieder Druck ausgeübt, aus den Kirchen auszutreten. Dies galt auch für die Ordensjunker, die zwar noch keine wichtigen Posten einnahmen, aber als künftige Führer eine Vorbildfunktion hatten. Ein großer Teil der noch konfessionsgebundenen Ordensjunker trat während der Lehrgänge aus der Kirche aus; häufig geschah dies gruppenweise.

Wenn während der Schulung die Konfessionsfrage zur Sprache kam, folgte man den Vorgaben der Partei, die sich jedoch mit der völligen Entchristlichung des öffentlichen Lebens schwertat. Ein besonderes Problem stellte das Weihnachtsfest dar, das wegen seiner Popularität nicht beiseitegeschoben werden konnte. Stattdessen versuchte man es als ein altgermanisches Fest neu zu etikettieren. Ein Ordensjunker schrieb dazu in Vogelsang ein äußerst populäres Büchlein über die Bedeutung und Feier des »Julfestes«.

ORDENSJUNKER IM KRIEG – »HERRENMENSCHEN« IM BESETZTEN OSTEN

Der Betrieb der Ordensburgen wurde mit dem Kriegsbeginn im September 1939 unterbrochen; die Partei überstellte die Lehrgangsteilnehmer an die Wehrmacht. Gleiches galt für die früheren Absolventen der Kurzlehrgänge in Vogelsang, die Kriegsdienst leisten mussten, sofern sie durch die Wahrnehmung ihrer Parteiämter nicht unabkömmlich waren. Die militärische Vorbildung der Ordensjunker war unterschiedlich: Ein kleinerer Teil von ihnen hatte den regulären Wehrdienst absolviert, während das Gros der aktuellen Lehrgangsteilnehmer nur an kürzeren Militärübungen teilgenommen hatte, die in die Ordensburgschulung integriert worden waren. Fast allen aber fehlte anfangs die Formalqualifikation, um oberhalb der einfachen Dienstgrade eingesetzt zu werden.

Die Ordensjunker traten somit in die kämpfende Truppe ein und erlebten den Krieg kaum anders als die deutschen Durchschnittssoldaten. Sie kamen in unterschiedlichen Armee-Einheiten und auf nahezu allen Kriegsschauplätzen zum Einsatz. Dass sie besonders motivierte Soldaten gewesen sein mögen, liegt wegen des politischen Fanatismus nahe, den sie sich in den Ordensburgen hatten aneignen können. Die hohen Opferzahlen deuten in diese Richtung: Schätzungen zufolge erlebte weniger als ein Drittel der ehemaligen Lehrgangsteilnehmer der Ordensburgen das Kriegsende.

Auch wenn der typische Kriegswerdegang eines ehemaligen Lehrgangsteilnehmers der eines einfachen Soldaten war, trat ein Teil der Ordensjunker doch auch in Zivilfunktionen nochmals im Kollektiv hervor: in der Besatzungsverwaltung in den militärisch unterworfenen Ostgebieten. Bereits ab Ende 1939 wurde eine größere Gruppe von ihnen zum Einsatz in Polen herangezogen, wo sie in den neu eingerichteten Kreisverwaltungen tätig wurden – teilweise in leitenden, teilweise in untergeordneten Funktionen. Ihre Aufgaben dort waren vielfältig und umfassten auch die Maßnahmen, die auf eine »Germanisierung« des Landes zielten. Hierzu zählte die Mitwirkung an den Umsiedlungsaktionen, die in großer Zahl »Volksdeutsche«, vor allem aus dem Baltikum, nach Polen brachten. Voraus gingen großflächige Vertreibungen der ansässigen Bewohner, insbesondere des jüdischen Bevölkerungsanteils. Die hierfür zuständige »Volksdeutsche Mittelstelle« griff nicht nur auf das Personal, sondern auch auf das Inventar der Ordensburgen zurück und nutzte deren Fuhrpark zum Transport

◄
Ein ehemaliger Lehrgangsteilnehmer als Leiter des Wohnungsamtes im polnischen Jasło bei der Inspektion von Hausrat aus einem zwangsgeräumten jüdischen Haus

►
Ukrainische Zwangsarbeiterinnen in einem Güterwaggon der Reichsbahn; Foto aus dem Album eines ehemaligen Ordensburgangehörigen, der als Gebietskommissar in Dubno tätig war

der Umsiedler. Ungefähr 250 Ordensburgmänner waren an der Vorbereitung, Verwaltung und Durchführung von Vertreibungen beteiligt.

Bedeutsamer als die Tätigkeit der Ordensjunker in Polen war in Hinblick auf die Zahl der Beteiligten wie auch auf die Einsatzdauer deren Verwendung durch das Reichsministerium für die besetzten Ostgebiete. Auf dem eroberten Boden der Sowjetunion wurden 1941 die Reichskommissariate Ukraine und Ostland einrichtet. Für den Aufbau der dortigen deutschen Zivilverwaltungen stellte Ley als Reichsorganisationsleiter der NSDAP dem von Alfred Rosenberg geleiteten Ostministerium die Ordensburg Krössinsee zur Verfügung, wo die künftigen Zivilverwalter auf ihren Einsatz in den Reichskommissariaten vorbereitet wurden. Ferner unterstellte Ley auch das Stammpersonal der Ordensburgen und diejenigen Lehrgangsteilnehmer, deren Ausbildung bei Kriegsbeginn unterbrochen worden war, der Verfügungsgewalt des Ostministeriums. Dieses rekrutierte mehr als 400 Ordensburgangehörige für den »Osteinsatz«; wie viele Ordensjunker dann seit dem Herbst 1941 genau zum Einsatz in den besetzten Ostgebieten herangezogen wurden, ist unklar. In den Führungspositionen als Gebietskommissare oder als deren Stellvertreter (Stabsleiter) waren es jedoch wohl deutlich mehr als 200.

In diesen Funktionen waren die Ordensjunker als politisch linientreue Organisatoren der wirtschaftlichen Ausbeutung der besetzten Ostgebiete tätig und beteiligten sich in größerer Zahl an Verbrechen. Sie trugen Verantwortung für die Ghettoisierung der

Juden in den Reichskommissariaten Ukraine und Ostland oder wirkten an der Selektion von Juden für die Zwangsarbeit oder an den Vorbereitungen der Massenermordungen von Juden mit, die als nicht mehr arbeitsfähig galten. Wegen dieser Verbrechen wurden einzelne Ordensjunker nach dem Krieg zur Rechenschaft gezogen: der stellvertretende Gebietskommissar von Vilnius, Franz Murer, der 1948 von einem sowjetischen Gericht zu 25-jähriger Zwangsarbeit verurteilt wurde, oder Leopold Windisch (stellvertretender Gebietskommissar von Lida) und Gerhard Erren (Gebietskommissar von Slonim), gegen die bundesdeutsche Gerichte lebenslange Haftstrafen aussprachen.

NACHNUTZUNG DER GROSSBAUTEN – DIE ORDENSBURGEN AB 1939

Große Bedeutung für die Traditionspflege der Ehemaligen hatte der bauliche Fortbestand der Ordensburgen, die mit Kriegsbeginn 1939 nicht geräumt, sondern für andere Zwecke genutzt worden waren. Die Anlage in Sonthofen, wo der dritte Jahrgang der regulär ausgebildeten Ordensjunker zum Jahresende 1939 hätte einrücken sollen, war während der gesamten Kriegszeit wie schon zuvor ein Ausweichquartier für die Adolf-Hitler-Schulen. Sie waren 1937 ins Leben gerufen worden, es fehlten aber für sie noch die vorgesehenen Internatsneubauten in den Parteigauen. Die Ordensburg Krössinsee diente nach Kriegsbeginn zunächst verschiedenen Zwecken, unter anderem als Reservelazarett, bis sie 1941 zur Schulungsstätte für die künftigen Mitarbeiter der

◄
Das nach einem Massaker an der jüdischen Bevölkerung in Brand gesetzte Ghetto von Slonim 1942; Gebietskommissar war auch hier ein ehemaliger Ordensburgangehöriger.

►
Fahrzeuge der US-Army im März 1945 auf dem teilweise zerstörten Adlerhof in Vogelsang

Zivilverwaltung in den besetzten Ostgebieten wurde. Parallel dazu und im Anschluss daran fanden Tagungen und Lehrgänge unterschiedlicher Parteiorganisationen in Krössinsee statt.

Im Falle Vogelsangs waren zwar im Zuge der deutschen Kriegsvorbereitungen 1938/39 Pläne aufgestellt worden für die Einbindung der Anlage in die großräumige Verteidigungslinie des Westwalls, die auch einige Umbauten zur Folge hatten. Da die Gesamtanlage jedoch für militärische Zwecke kaum geeignet war, blieb die Ordensburg in den Kriegshandlungen ein Nebenschauplatz mit wechselnden Nutzungen. 1940 quartierte sich der Stab einer Infanteriedivision in der Ordensburg ein; anschließend befand sich dort ein Lazarett für Verwundete des Westfeldzugs. Seit Frühjahr 1942 bot die Ordensburg drei Adolf-Hitler-Schulen eine Unterkunft. Die zur Entlastung der Sonthofener Schwesterburg nach Vogelsang umquartierten Schüler blieben dort bis zum Ende des Schuljahres 1943/44.

Parallel zum Betrieb der Adolf-Hitler-Schulen führte der Arzt der Ordensburg ein Krankenhaus, in dem unter anderem vor Ort untergekommene Evakuierte aus Köln behandelt wurden. Auch eine Entbindungsstation befand sich dort. Ende Oktober 1944 wurde die Dienststelle Vogelsang offiziell geschlossen, weil amerikanische Truppen nahe an den Westwall vorgerückt waren. Letzte Nutzer der Anlage waren zu Schanzarbeiten auf dem Gelände abkommandierte Arbeiter. Mehrere von ihnen starben, als im Dezember bei einem Luftangriff Teile der Ordensburg zerstört wurden.

◄
Von der britischen Armee wurden die Reste des stark beschädigten Ostflügels nach 1946 in ein Truppenkino umgebaut.

►
Besuch einer Gruppe ehemaliger Ordensburgangehöriger mit Ehefrauen 1975 im belgischen Camp Vogelsang, getarnt als »Eifelverein Jünkerath«

Während es in Vogelsang beträchtliche Kriegsschäden gab, fielen die beiden anderen Ordensburgen bei Kriegsende den Alliierten weitgehend unversehrt in die Hände. Vor dem Hintergrund des hohen praktischen Nutzwerts der Anlagen in den ersten Nachkriegsjahren kam eine Zerstörung der nationalsozialistischen Repräsentationsbauten nicht in Betracht. Stattdessen wurden die ehemaligen Ordensburgen umgehend weiter genutzt: Krössinsee zunächst von sowjetischen Militäreinheiten, dann vorübergehend für wechselnde zivile Zwecke und seit 1954 als Kaserne der polnischen Armee; Sonthofen als eine Ausbildungsstätte der amerikanischen Besatzungsarmee und nach zwischenzeitlichem Leerstand seit 1956 als Bundeswehrkaserne.

Vogelsang selber wurde am 4. Februar 1945 von amerikanischen Kampftruppen in Besitz genommen und von diesen im Sommer 1945 britischen Besatzungstruppen übergeben, die auch das umliegende Areal für militärische Zwecke beschlagnahmten. 1950 übergaben die Briten den inzwischen eingerichteten Truppenübungsplatz den belgischen Streitkräften, die sich in der ehemaligen Ordensburg dauerhaft, letztlich bis zum Jahresende 2005, einrichteten und umfassende Um- und Neubauten auf dem Gelände vornahmen. Die wichtigsten Neubauten waren das Kasernengebäude »Van Dooren« (Infopunkt 04) und ein Truppenkino (Infopunkt 03), die das aktuelle Erscheinungsbild der Anlage mitprägen. Einen bewussten Bruch mit der nationalsozialistischen Architektur haben die Belgier nicht vollzogen, sondern das von den Kriegszerstörungen betroffene Hauptgebäude (Infopunkt 07) der ehemaligen Ordensburg sogar weitgehend in Anlehnung an den Ursprungszustand wiederhergestellt.

NETZWERKE UND NOSTALGIETREFFEN – DIE ALTEN KAMERADEN

Die ehemaligen Ordensjunker, die den Krieg überlebten, fanden fast ausnahmslos abseits der Öffentlichkeit ihre Plätze in der westdeutschen Nachkriegsgesellschaft. Nach teilweise erheblichen Schwierigkeiten, im Anschluss an Internierungshaft und Entnazifizierung beruflich Fuß zu fassen, gelang es den meisten von ihnen, sich in den Jahren des Wirtschaftsaufschwungs der 1950er und 1960er Jahre in mittlerem Wohlstand zu etablieren. Damit veränderte sich auch der Charakter des lockeren Netzwerks, das die Ehemaligen knapp zehn Jahre nach Kriegsende zunächst als eine soziale Hilfsstelle für die Kameraden und ihre Hinterbliebenen geknüpft hatten. Im Laufe der Zeit wurden die jährlichen Treffen, die bis Mitte der 1990er Jahre andauerten, immer mehr zu reinen Nostalgieveranstaltungen, die dem Austausch von Erinnerungen an die Ordensburgzeit dienten. Eine offen rechtsradikale Traditionsvereinigung war das Ehemaligen-Netzwerk nicht, wenngleich etliche frühere Ordensjunker dem »Dritten Reich« lange nachtrauerten und die demokratische Nachkriegsordnung nur mit großen Vorbehalten akzeptierten.

Der Lernort

ANGEBOTE DER AKADEMIE
VOGELSANG IP VOR ORT
LITERATURTIPPS

ANGEBOTE DER AKADEMIE VOGELSANG IP VOR ORT

Offene Führungen

Täglich bieten wir Ihnen offene Gelände- und Ausstellungsführungen. Vogelsang-Referentinnen und -Referenten geben Ihnen Einblick in einzelne Gebäude, vermitteln markante Punkte im Gelände und erläutern Fakten, Zusammenhänge und Hintergründe. Auch der geführte Rundgang durch die Dauerausstellung eröffnet weitere Perspektiven auf die Geschichte der Menschen, die in Vogelsang in der NS-Zeit handelten und lebten. Anhand einer Vielzahl aufschlussreicher Dokumente und Medien erfahren Sie in 90 Minuten Fakten, Zusammenhänge und neue Blicke auf das Thema »NS-Ordensburgen zwischen Faszination und Verbrechen.«

Buchbare Führungen

Als Gruppe haben Sie die Möglichkeit, Geländeführungen in unterschiedlichen Längen oder kombinierte Angebote mit Besuch der Dauerausstellung zu buchen. Gerne beraten wir Sie hier weiter und finden das passende Format für Ihre Gruppe.

Erwachsenenbildung

Sie sind historisch und politisch interessiert? Vertiefende Angebote bietet Ihnen die Akademie Vogelsang IP mit Impulsvorträgen, Workshops und Exkursionen in die nähere Umgebung.
Gerne beraten wir Sie hier weiter. Informationen dazu finden Sie auch im Internet unter **www.vogelsang-ip.de** oder in unserem Flyer zur Erwachsenenbildung.

Jugendbildung

Als Bildungswerk bietet die Akademie Vogelsang IP Jugendgruppen der offenen Jugendarbeit sowie schulischen Gruppen aller Schulformen der Sek I und II ein differenziertes, spannendes Bildungsangebot zu verschiedenen historischen, politischen und kulturellen Themen.
In Studientagen im Gelände oder der Dauerausstellung, in handlungsorientierten Projekttagen oder intensiven Forschungstagen mit unterschiedlichen Themen- und Fragestellungen ist Lernen am außerschulischen Ort ein Mehrwert für Ihre eigene Bildungsarbeit. Informieren Sie sich unter **www.vogelsang-ip.de**, bei unserer Buchungszentrale oder im Flyer zur Jugendbildung.

Multiplikatorenbildung

Für Multiplikatorinnen und Multiplikatoren der schulischen und außerschulischen Jugendarbeit sowie in anderen Bildungszusammenhängen bieten wir thematische Seminare und Workshops zu aktuellen didaktischen, historischen und politischen Fragestellungen an. Diese vertiefenden Angebote sind modular aufgebaut. Für einen individuellen Zuschnitt des Programms empfehlen wir Ihnen ein Beratungsgespräch.

Kontakt, Beratung und Buchung:
fon +49 (0)24 44 915 79-11
buchung@vogelsang-ip.de

LITERATURTIPPS

Bestimmung: Herrenmensch. NS-Ordensburgen zwischen Faszination und Verbrechen, hg. von Klaus Ring und Stefan Wunsch für die Vogelsang IP gemeinnützige GmbH, Dresden 2016.

◄
Kunstprojekt der Alanus Hochschule für Kunst und Gesellschaft, Alfter, im Jahre 2011 am Fackelträger-Relief

►
Ausstellung »Bestimmung: Herrenmensch. NS-Ordensburgen zwischen Faszination und Verbrechen«, Untergeschoss

Heinen, Franz Albert: Ordensburg Vogelsang. Die Geschichte der NS-Kaderschmiede in der Eifel, Berlin 2014.

Heinen, Franz Albert: NS-Ordensburgen Vogelsang, Sonthofen, Krössinsee, Berlin 2011.

Wunsch, Stefan: Die NS-Ordensburg Vogelsang und die nationalsozialistische Durchdringung der Nordeifel – »Eifel-Investment«?, in: Nationalsozialismus im Kreis Euskirchen. Bd. 3: Kultur, Wirtschaft, Tourismus (= Geschichte im Kreis Euskirchen, Bd. 25), Euskirchen 2011, S. 269 – 340.

Schmitz-Ehmke, Ruth / Herzog, Monika: Die ehemalige Ordensburg Vogelsang. Architektur, Bauplastik, Ausstattung, Umnutzung (= Arbeitsheft der rheinischen Denkmalpflege 41), Worms ^{4}2010.

Arntz, H.-Dieter: Ordensburg Vogelsang 1934 – 1945. Erziehung zur politischen Führung im Dritten Reich, Aachen ^{6}2010.

»Fackelträger der Nation«, Elitebildung in den NS-Ordensburgen (= Internationale Vogelsang-Tage 2009. Dokumentation), hg. von der *vogelsang ip gemeinnützige GmbH,* Köln / Weimar / Wien 2010.

Heinen, Franz Albert: Gottlos, schamlos, gewissenlos. Zum Osteinsatz der Ordensburg-Mannschaften, Düsseldorf 2007.

Heinen, Franz Albert: Vogelsang. Von der NS-Ordensburg zum Truppenübungsplatz in der Eifel. Eine kritische Dokumentation, Helios-Verlag, Aachen ^{5}2007.

Ciupke, Paul / Jelich, Franz-Josef (Hg.): Weltanschauliche Erziehung in Ordensburgen des Nationalsozialismus. Zur Geschichte und Zukunft der Ordensburg Vogelsang (= Geschichte und Erwachsenenbildung, Bd. 20), Essen 2006.